Barbara Bronnen

Karl Valentin und Liesl Karlstadt

Blödsinnskönig – Blödsinnskönigin

Rowohlt · Berlin

PAARE Herausgegeben von Claudia Schmölders

1. Auflage September 1998
Copyright © 1998 by
Rowohlt · Berlin Verlag GmbH, Berlin
Alle Rechte vorbehalten
Umschlaggestaltung Walter Hellmann
(Fotos: Bilderdienst Süddeutscher Verlag)
Satz Berling PostScript QuarkXPress 3.32
Gesamtherstellung Clausen & Bosse, Leck
Printed in Germany
ISBN 3 87134 304 8

Inhalt

«Schauspieler!!! Wo hans'n?
Ham s' ned alle! Verträdeln die Zeit!»

Für meine Schwester Franziska

1. KAPITEL

Die Kameliendame

*Hier wird vorgeführt / die Geschicht von Anfang und End /
der hintergründigen Liebe zwischen Karl Valentin und
Liesl Karlstadt / ihres Zeichens die Alpengipfel bayrischer
Komödianten / niemals wieder erreicht / ihr Aufstieg und
ihr Untergang / ihr vielfältiges Glück / ihre krausen Wege /
ihre Unbill und ihre Not / ihre verborgenen Triebe und
Leidenschaften / ihre Laster und Sehnsüchte / ihre
kleinen Freuden und Abgründe / erzählt in der Schreiberin
ureigenster Version / der zufolge sie sich hat nähern
müssen / auch Bereichen des Unwahrscheinlichen und
Phantasierten / voll Zuneigung und Bewunderung / was
sich alles ereignet hat / im München der ersten fünf
Jahrzehnte dieses Jahrhunderts / und tragisch endete /
wovon die Münchner nix bemerkt haben.*

Die verquere Liebesgeschichte spielt also in München. Von
Liebe auf den ersten Blick kann wirklich nicht die Rede sein.

Als der Karl die Liesl kennenlernt, ist sie keine zwanzig
und blutige Anfängerin auf den Brettern, die die Welt be-
deuten. Ihre Bretter sind gescheuert und liegen in einer
Bahnhofswirtschaft in der Münchner Schillerstraße, die
absurderweise Frankfurter Hof heißt. Da jodelt sie, das
Bäckerskind italienischer Abstammung, macht im Glitzer-
kleid auf Soubrette und spielt in Komödien oder Schauer-
dramen, die «Der Wilderer oder aus Liebe zum Mörder»
heißen oder «Mei Seliger, dös war a Mo». Ihr Publikumser-
folg ist das bewegende Sittendrama «Am Glück vorbei», am

langlebigen Pariser Erfolg «Die Kameliendame» entlanggeschrieben, seine bavarisierte Volksfassung. In Gestalt der schrankenlos liebenden, hochherzigen Sünderin, die sich, lungenkrank dahinsiechend, am Sterbebett mit ihrem Geliebten versöhnt, bringt sie das Publikum zum Schluchzen.

Unten sitzt diesmal – sie gibt die Soubrette – ein mehr als schlanker, hochgewachsener Mann mit einem verqueren Gesichtsausdruck. Mißmutig betrachtet er die unfreiwillig komischen Versuche der Elisabeth Wellano. Nach der Vorstellung wartet er auf sie, den steifen schwarzen Hut in den großen roten Händen, und spricht sie an, mit bitterernsten Augen.

Die schmalzige Miene noch in den Zügen, blickt die stämmige Liesl erwartungsvoll zu ihm auf. Sie ist Lob gewöhnt, die Leut sagen hernach immer, sie habe ihre Sache gut gemacht. Und diese Krauterer heute aus dem Bayerischen Wald haben wie verrückt geklatscht und sind jetzt dabei, sich zufrieden einen anzusaufen. Sie hat wirklich nicht an das gedacht, was jetzt kommt.

«Sie, Fräulein», sagt naserümpfend der lange Lulatsch mit einer larmoyanten Stimme und zielt mit einem abnorm großen Zeigefinger auf ihre Brust. «Fräulein, Sie sind eben als Soubrette aufgetreten, heut hab ich Sie zum erstenmal gesehen. Des is nix. Wissen S' …»

Ihr fällt der Kiefer herunter. Wie kann dieser Mensch es wagen, so bissig vor sie hinzutreten und ihr derartiges ins Gesicht zu sagen? So eine Frechheit! Sie hat wirklich Mühe, ihm nicht gleich ihre Meinung zu stoßen, und ihr Puttenmündchen im rundlichen, ungeformten Gesicht verzieht sich ein wenig wehleidig. Soll der doch erst mal vor der eigenen Tür kehren, dieser Lackl mit seiner geradezu fürchterlichen Magerkeit, und diese roten Haare und Sommersprossen, igittigitt!

«Wissen S'», der Lange runzelt die Stirn, sein Hirn nach griesgrämigen Vorurteilen durchstöbernd, während seine nä-

Liesl Karlstadt als Soubrette mit 17 Jahren.
«Es war ein paar Jahre vor dem Krieg, da saß ich im Bamberger Hof mit
leuchtenden Augen vor einer Dachauer Bauernkapelle. Ich weiß nicht
mehr recht, wie es kam, aber der Herr Direktor ‹engaschierte› mich, vielleicht meiner Begeisterung wegen, vom Fleck weg als ‹Anfängerin›!» Liesl
Karlstadt 1931 in einem Zeitungsinterview.

11

selnde Stimme aufs wundersamste mit seiner Selbstgefälligkeit harmonisiert, väterlich streng, in didaktischem Unterton. «Wissen S', Sie san so schüchtern, und so brav schaun Sie aus. Sie ham mich direkt derbarmt. A Soubrette muß ganz keß sein, die muß an Busen habn.» Das letzte sitzt am tiefsten. Sie kriegt kaum Luft vor Wut. Woher nehmen und nicht stehlen? Soll sie etwa die Aufheizerin spielen hier?

Überhaupt, der macht sie schon ganz damisch, der seltsame Ritter hier, sie hat doch einen Busen! Und sie wirft sich in die Brust und greift in ihr schauspielerisches Arsenal, versucht, hoch und spitz und spöttisch zu lachen. Neidhammel der! Soll er doch ...

«Aber Sie sind sehr komisch», fährt er tröstlich fort. Da hat sie es. «Ja, Sie müssen sich darauf verlegen. Ich schreib Ihnen mal in nächster Zeit a komisches Soubrettencouplet, also eine Parodie auf eine richtige Soubrette. Und des bringen S'.»

Er macht noch eine Weile mit seinen kritischen Ausführungen weiter, der Hund, und schließt mit einem oratorischen Rülpser. Magenkrank, auch das noch.

Unter Floskeln verzieht er sich: Hochachtungsvoll, Ihr verbleibender, Ihr sehr ergebener, mit dem Ausdruck größter Ehrerbietung, so. Sie sieht ihn gebückt draußen am Schaufenster vorbeischleichen, wo sie ausgestellt ist in ihrem Glitzerzeug.

Doch kaum ist er weg, muß sie immer wieder über das, was er gesagt hat, nachgrübeln. Was soll das heißen, Parodie? Also der hat wohl die Meinung, eine Parodie sei der Kulminationspunkt jedweglichen Gesangs, sein Nonplusultra gewissermaßen. Sie ist durch und durch Bayerin, auch wenn sie zehnmal einen italienischen Namen trägt, und die Bayern mögen Parodien nicht so besonders, das ist ihnen zu zynisch, die wollen was Direktes. Die essen auch keine Pastete, son-

Liesl Karlstadt und Karl Valentin 1918.
«Wenn ich nicht meine brave Liesl hätt, die auf alles eingeht, was sie noch
nicht weiß, könnte jeden Tag das größte Malheur auf der Bühne passie-
ren.» Karl Valentin in einem Zeitungsartikel «Lache bajazzo».

dern eine Schweinshaxe. Die wollen es sehen, wieviel Leid und Empfinden man in so was hineinlegt, wieviel Herzensschmerz. Die wollen nicht drüberstehen. Die mögen den Ludwig Thoma lieber als den Thomas Mann. Weiß Ferdl mehr als Oskar Maria Graf.

Sie ist tagelang schwer beleidigt. Nach einer Weile aber fängt sie an, sich zu fragen, ob er nicht doch etwas gesehen hat. Jawohl! Er hat gesehen, daß sich hier ein großes Talent auf falschen Wegen befindet. Damit tröstet sie sich. Sie wird's ihm zeigen!

Wenig darauf kommt mit der Post der Text zu seinem Couplet.

Es heißt: «Das Gretchen». Mit Spannung liest sie bis zur letzten Strophe:

«... Doch nun hab ich's überwunden
Und habe endlich einen süßen Schatz gefunden.
Dieser schöne, junge, stramme Mann
Schaut mich so liebend an.
O nimm mir diesen Stein [Stein wegwerfen] vom Herzen,
Bereite mir nicht so viel Kummer, Sorg und Schmerzen,
Du kecker Herzensdieb ...»

Der läßt nichts anbrennen, der Halunke! Aber sie muß lachen. Lachen tun auch die Leute, als sie das Couplet singt. Und übereifrig hat sie das Ihre getan und sich eine Nickelbrille und einen blöden Hut zum Glitzergewand angezogen. Sie hat schnell gelernt. Sie übertreibt. Und sie arbeitet an ihrer Erscheinung, das sieht auch der Valentin.

Sie versucht's und läßt den Busen ein Stück raus, als sie sich das nächste Mal im Englischen Garten treffen. Karl Valentin wirft einen wilden Blick darauf und schaut schnell wieder weg. Er sieht verzweifelt aus.

«Kommen S' her, Fräulein», sagt er dann, «kommen S' schon her!» Und küßt sie mitten auf den verdutzten Mund.

2. KAPITEL
Im Biergarten

*Worin erzählt wird / wie der Valentin und die Liesl / sich
ihre Motive erarbeiten / und wo sie's herhaben / aus dem
Biergarten nämlich / wo das urbürtige Münchnertum die
Zeit aussitzt / welche dazu da wär / das Weltgeschehen zu
beeinflussen / jo mei ...*

In München geht die Geschichte weiter.

Als die beiden im Augustiner Bierkeller sitzen, ist es Sommer, es ist sogar heiß. Trotzdem bestellt der Karl Valentin eine heiße Leberknödelsuppe und läßt sie zurückgehen, weil sie ihm nicht heiß genug ist. Als die Kellnerin eine neue bringt, ist sie ihm zu heiß.

«Sie nörgeln ganz schön. Offenbar granteln Sie gern», sagt Liesl Karlstadt, die zu der Zeit noch Wellano heißt.

«Was heißt da nörgeln. Ich hab doch als Mann das Recht zu sagen, die Suppe ist mir zu heiß. Aber eine kalte Suppn mag ich auch nicht.» Er haut gleich die halbe Flasche Maggi in die Suppe.

«Was heißt als Mann. Deswegen müssen S' Ihnen doch nicht so aufspielen, bloß weil S' ein Mann sind. Was schlucken S' denn dauernd für a Pulver?»

«Felsolpulver.» Valentin holt eine lange Liste aus seiner Jackentasche und trägt ein: 6 Uhr, 1 Felsol.

«Was fehlt Ihnen denn?»

«Ich bin sozusagen absolut ungesund von Geburt auf.» Valentin hüstelt und spült das Pulver mit einem halben Glas Bier herunter.

«Das ist nicht die Norm.»

«Erlernte aus Gesundheitsrücksichten schon im Alter von zwölf Jahren die Abnormität. All meine Eigenschaften sind eigen.»

Sie fragt nach seiner Herkunft.

«Ich bin der Sohn eines Ehepaares. Meine Haltung ist lächerlich, mein Hemd farbig, mein Charakter charakteristisch. Ich lebe von Unsinnfabrikation.»

Sie sagt, er müsse nicht so komisch daherreden, überhaupt müsse er doch einen Vater und eine Mutter haben, die Namen hätten und der Vater einen Beruf. Sie muß ihm die Würmer aus der Nase ziehen, bis er endlich damit herausrückt, daß der Vater, ein Tapezierer, eigentlich aus Darmstadt stammt und es in der Münchner Au zu einer ansehnlichen Speditionsfirma gebracht hat, die Mutter ist eine Bäckerstochter aus Sachsen. Der Vater heißt Johann Valentin Fey, die Mutter Maria Johanna.

Als Liesl Sachsen hört, meint sie, davon merkt man nichts. «Sagen Sie, waren Sie mit der Herstellung, Verzeihung, ich korrigiere: mit der Erziehung ihrer Eltern zufrieden?»

«Ach Gott», sagt Valentin, «was heißt Herstellung, Verzeihung, ich korrigiere ebenfalls, Erziehung? Denn wenn man nicht wächst, dann wird man ein Liliputaner. Darauf hätt ich keine Lust. Ein Liliputaner wollt ich nicht werden ...»

«Davon sind S' weit entfernt.» Die kleine Liesl blickt ihn an. «Jedenfalls wenn S' aufstehn.»

Ihr zu Gefallen tut er es, und ihre Augen fahren mit einer gewissen Bewunderung das lange Gestell von den Füßen bis zum Scheitelpunkt ab. «Einen Meter neunzigzwo», sagt der lange Mensch, «a Skelettgigerl, ich weiß.» Und er beginnt stehend seinen Solovortrag «Ich bin ein armer magerer Mann»:

«Ach, es ist doch schrecklich gwiß,
Wenn der Mensch recht mager ist;
Ich bin mager, welche Pein,
Mager wie ein Suppenbein.»

Karl Valentin, Liesl Karlstadt und Beppo Benz im Salvatorkeller.
«In einer Ecke brütet ein Paar. Der Mann, blaß, mit kleinem, spärlich rot-
behaartem Schädel und verschreckter Clownsnase, sitzt vorgebeugt – die
Frau, kugelig, hübsch, ein bißchen küchenrot, hat ein Heft vor sich und
schreibt. Das heißt: Sie kaut gerade nachdenklich am Federhalter.» Anton
Kuh 1928.

«Liegt vielleicht in der Familie», sagt die eher zur Mollig-
keit neigende Liesl teilnehmend.

«Nein, nein, ich versteh das nicht, daß mich die Natur so
grauslich zsammgricht hat. Ich versteh's nicht, denn mein
Vater wiegt über drei Zentner, meine Mutter über zwei
Zentner, und meine Schwester hat einen Bahnexpeditor ge-
heirat, und gerade ich muß so mager sein. Ja, jetzt tut's es ja
noch, aber früher solln S' mich gsehn habn, gleich nach der
Geburt, da hab ich ausgschaut wie a Salami. Darum hab ich
auch als kleines Kind keine Wiege nicht gebraucht, mich hat
meine Mutter ganz einfach in einen Lampenzylinder nei-
gsteckt und mich am Tisch umhergewalkerlt, so mager war
ich.»

«War ja nur a Frag», sagt sie, aber der hört gar nicht auf damit: «Und trotzdem ist mein Vater stolz auf mich, der mag
die fetten Kinder selber nicht; und grad deshalb, weil ich so
mager bin, drum mag er mich so gern ...»

«Hörn S' auf, hörn S' auf.» Da hat er auch schon aufgehört
und ist in den Anblick eines dicken bayerischen Ehepaars
versunken, das malmend Riesenbrocken von Leberkäs in die
fettigen Münder schiebt und mit einem Liter Bier nachspült.

Liesls Augen folgen seinem Blick, froh über die Ablen-
kung. Ihr kommt der Valentin vor wie ein Kind, voll uner-
sättlicher Lust am immer gleichen Spiel, bis zum Überdruß.
Jetzt fasziniert sie seine hingerissene Miene, mit der er das
Volk ringsum wahrnimmt. So intensiv fühlt er sich in die
Kalbsbraten, Kalbshaxn, Kartoffelsalat mit Schweinsbraten,
Riesenknödel und schmalztriefende Rohrnudeln in sich hin-
einmampfenden Menschen versetzt, daß seine Kinnladen
mitmalmen, sein Mund sich mit dem der anderen öffnet und
schließt, er schluckt mit demselben lauten Geräusch, hockt
breit und behaglich da wie sie, ein Großkopferter unter anderen Großkopferten, der sich für die Entbehrungen des
Kleinbürgerstands entschädigt.

«Do schaun S' hin», sagt er, umschließt ihren Kopf mit

seinen langen Händen mit den riesigen dünnen Fingern und wendet ihn gewaltsam nach rechts, «da können S' was lernen. Was glauben Sie denn, wo ich's herhab, wenn nicht von de Leut. Und ich weiß, wie ich ausschau! Das ist wichtig. Jetzt sitzen S' net so steif da mit Ihrem schmollmündigen Gesicht. Ich sag Ihnen nicht irgendeinen dahergeflunkerten Hokuspokus. Solche Dinge können S' noch nicht beurteilen, weil S' keine Erfahrung haben. Und weil S' Ihre Nase zwenig in andere Leut stecken.»

Die Liesl hat erst Widerworte gemacht. Sie hat gesagt, daß sie schon selber hinschaut, wenn sie was sehen will, aber daß sie selber entscheiden will, was sie anschauen will und was nicht. «Und tun S' mir nicht weh», sagt sie, «so grob, wie Sie sind.» Und sie haut ihm auf die Finger, die ihren Hals jetzt ganz fest umklammern, fast, als wollte er sie erwürgen. «Ich bin doch Ihre Puppe nicht.»

Valentin nickt, nimmt aber die Finger immer noch nicht von ihrem Hals. «Wenn S' meine Puppe gewesen wären, hätten S' längst Verbände und Riesenfaschen um und um und täten aus allen Wunden bluten …»

«Warum?» Sie blickt ihn mißtrauisch an.

Er erzählt von seiner kindlichen Feuerwehrbegeisterung, vom Tandlerladen von Lang in der Lilienstraße, bei dem sie um 20 Pfennig von den Sanitätern abgelegte weiße und blaue Sanitätsmützen erstehen konnten, von selbstgezimmerten Tragbahren und der Sanitätsstation im Waschhaus: «Die Mutter mußte uns weiße Armbinden mit roten Kreuzen anfertigen. Nun brauchte man natürlich Verunglückte zum Tragen, aber woher nehmen und nicht stehlen? Wir brauchten Verunglückte, die bluteten!»

«Und –?» Die Liesl schluckt, die Augen treten ihr schon ein wenig hervor. Valentin mit genüßlichem Lächeln: «Auf der Wäscherwiese vor unserm Haus haben wir an bestimmten Spielplätzen Glasscherben gestreut, damit die Kinder beim Barfußgehen sich dieselben eintraten. Im Gras waren die Scherben nicht gut sichtbar, und tatsächlich verging kein Tag, an welchem sich nicht ein Bub oder ein Mädel einen Fuß verletzte ... Der oder die Blutende wurde von uns Sanitätern mit der Tragbahre geholt und mit Hoffmannstropfen und Mullbinden in der Sanitätsstation behandelt. Wir gingen sogar so weit und machten uns eine Totenbahre ... die machten wir später wieder kaputt. Denn dazu hätten wir ja Tote gebraucht.»

Die Liesl windet sich konvulsivisch unter seinem Würgegriff, sie hat jetzt Angst. «Aber das ist ja ungeheuerlich», sagt sie empört, ringt nach Luft und streicht sich über den Hals, auf dessen Babyspeckrillen rote Male zu sehen sind, «so etwas Rohes.» Aber der Valentin lacht nur lautlos, daß es ihn beutelt, ein sardonisches Grinsen geht über sein Gesicht.

«Liebe ist es», sagt er, «sonst nix. Liebe schlicht und einfach. Wenn so ein Mädel schreit und blutet, wirft es die Arme um dich, wenn du es verbindest.»

«Sie gspinnerter Uhu», sagt Liesl, «Sie rothaariger Deifi.» Aber es klingt auch nach Bewunderung. Das erinnert sie an ihre erste wunderschöne Puppe, mit echtem Haar und Porzellankopf. Ihr größerer Bruder hat sie zur Decke geworfen, die große Freude war nur kurz. Liesls weiches, rundliches Gesicht mit den humorvoll dreinblickenden Augen und dem glatt anliegenden, seitengescheitelten Bubikopf und dem verschmitzten Mund wird träumerisch, wenn sie von ihrer Kindheit erzählt. Sie ist in der Zieblandstraße 11 geboren, im Dezember 1892, von ihren acht Geschwistern starben vier schon im Kleinkindalter. Sie läßt Karl raten, was der Vater für einen Beruf hatte, doch der kommt nicht drauf. «Bäcker», sagt sie und dreht ihre Kette mit den bunten Muranoglasperlen, die ihr keusches, rotweiß kariertes Dirndl mit der längsgestreiften blauweißen Schürze schmückt, «leider, schlecht bezahlt, ohne eigenes Geschäft.» Sie ist bescheiden und beengt aufgewachsen, hat lernen müssen, zu sparen und zu teilen. Sie sagt, das würde sie nie mehr verlernen. «Manchmal, wenn ich recht brav war, durfte ich mir für zehn Pfennig ein Stück Girafftorte kaufen, was meine Leibspeise war. Immer dachte ich mir dabei, wenn i amal groß bin – kauf ich mir eine ganze Girafftorte ...» Und allein fünfzehnmal haben sie die Wohnung wechseln müssen, bis sie als Lehrmädchen von zu Hause ausgezogen ist. Immer in einem Raum zusammen, tagsüber auf Zehenspitzen, mit Flüsterstimme, um den schlafenden Vater, der nachts arbeitete, nicht zu stören. Nicht leicht, mit vier Geschwistern ...

Ob sie denn ein Leben lang bei Tietz als Verkäuferin arbeiten wolle, fragt der Valentin.

Niemals, sagt die Liesl, die Verkäuferin macht sie nur, um mit den 45 Mark ihre Familie zu entlasten, überhaupt hat sie schon als kleines Mädel frühmorgens, noch im Dunkeln, für die Mutter im Milchladen die Milch ausgetragen. Und später, da wurde ihre Schwester Amalie genau an ihrem Geburtstag geboren, die hat sie aufgezogen wie eine Mutter, was auch eine Arbeit gewesen ist. Sie hat, sagt sie, aber immer schon was Höheres im Sinn gehabt, wollte ursprünglich weiter in die Schule gehn, doch das hätt man ihr zu ihrem größten Leidwesen leider nicht genehmigt; sie mußte als Lehrmädchen bei Tietz anfangen. Sie hat aber immer schon gern getanzt und sei sehr musikalisch, so sagten sie alle, leicht wie eine Feder, und Verkleidungen hat sie schon als Kind geliebt! An einem Abend hat sie eine Volkssängerdarbietung auf der Bühne gesehen, genauer gesagt, sie hat gar nicht mehr wegschauen können und sich die Vorstellung gleich an drei Abenden immer wieder anschauen müssen, unentwegt, und hat sich ausgemalt, wie es wäre, wenn sie da oben stünde. Ja, offenbar hat sie so hingegeben geglotzt, daß der Direktor des Unternehmens später nach dem Geldeinsammeln zu ihr gekommen ist und gefragt hat, ob sie nicht Lust hätte mitzumachen, er suche eine Anfängerin.

So ist sie in diese anrüchige Welt gekommen und hat die bürgerliche Welt ihrer Familie zum Leidwesen ihres Vaters, mit dem sie einen schweren Krach hatte, verlassen, die Bühne war ihre eigentliche Schul. Unter normalen Umständen hätte ein Mädel wie sie vielleicht klein beigegeben, aber sie habe nur ein bisserl geschnieft und geschluchzt, als der Vater was von «Brettlhupferin» schimpfte und meinte, sie käme amal runtergefetzt daher – mit an ledigen Kind. Man könne in jedem Beruf anständig bleiben, sei ihre Meinung, und bis jetzt sei sie das auch geblieben. Ob das mit seiner Familie leichter gegangen sei? Sie schaut ihn selbstbewußt an, und der Valentin sieht, daß sie stolz auf sich ist.

Finanziell wollte er seine Lage als Kind gar nicht erst schildern, und die Schulzeit ist eine siebenjährige Zuchthausstrafe gewesen für ihn, sagt Valentin, dann hat er sich zum Gesellen hochgeleimt, hochgehobelt, hochgesägt in der Möbelschreinerei vom Hallhuber in Haidhausen. Nach fünf weiteren Gastspielen bei Münchner Schreinern hat er dem letzten schließlich einen Nagel entwendet, ihn in die Wand geschlagen und daran das goldene Schreinerhandwerk aufgehängt.

«Ich fabrizierte mir selbst ein großes Orchestrion mit fast zwanzig Musikinstrumenten aller Art, welche ich durch eigenen Mechanismus fast alle zur gleichen Zeit spielte. Mit diesem Musikapparat reiste ich in verschiedene Städte Deutschlands und holte mir damit keine Lorbeeren. Hab ein Schlachtenpotpourri mit Hand, Füßen, dem Mund gespielt, mit dem großen Zeh, dem Gesäß, unter Ausnützung sämtlicher Körperteile. Arm wie eine Kirchenmaus kehrte ich aus der Fremde wieder heim und hab im ehemaligen Esterhazykeller gespielt, für fünfzig Pfennig pro Abend. In einem Fall von Löwenbräuriesenrausch zerstörte ich mit einem Holzhackl meinen ganzen komplizierten Musikapparat ...»

«So eine saudumme Blödheit», sagt die Liesl, «das war eine ganz dumme Dummheit. Ein so ein Orchestrion ist ein wahres Kunstwerk ...»

Der Valentin schaut befriedigt drein, er fühlt sich verstan-

Eine der frühesten Aufnahmen von Karl Valentin, undatiert.
«Er hat den Galgenhumor eines zum schlimmen Leben Verurteilten, die Bosheit seiner Ohnmacht und das Glücksgefühl, froh und
rebellisch denken zu dürfen – unantastbarer Besitz, auch derer, die
gar nichts haben –, liegt als obstinater lichter Schimmer auf seinem
Hunger-Leider-Gesicht.» Alfred Polgar 1923 in Der Tag, Wien.

den. Eine gescheite Frau, denkt er sich, einfühlsam, bescheiden und dazu ganz ansehnlich. Sie kann zuhören, hinschauen und hat eine Merkfähigkeit und Humor. Einen anderen als er, ohne seine Gnadenlosigkeit und Unerbittlichkeit, aber von großer Treffsicherheit. Sie hat, was ihm fehlt: eine Formbarkeit und weibliche Wärme. Kein beißendes Bayerntum, und sie schaut den Leuten aufs Maul. Bei ihr menschelt es mehr, wo es bei ihm spinnerter und enger ist. Außerdem hat sie einen gesunden Menschenverstand und ist, wie jeder gute Humorist, eine Kritikerin ihrer selbst. Und dazu das richtige Bayrisch, nicht Zackerlbayrisch, wie es die Großkopferten reden, sondern Kleinbürgerbayrisch mit einer Prise Schwabing, nicht ungepflegt. Sie ist voll Tatkraft und Umsicht, hat die nötige Mütterlichkeit.

Die Liesl wiederum ist von dieser verflixten Klugheit, dieser skrupellosen Vertracktheit, mit der Valentin die Menschheit betrachtet und in sentimentale Rohlinge, dumme Ausbeuter, bestechbare Beamte, verlogene Halsabschneider einzuteilen und darzustellen versteht, fasziniert. Er ist so richtig drin in diesem infernalischen Reigen, und wenn man mal so involviert ist und diesen Blick hat, dann ist man natürlich seelisch verloren. Sie hat genau zugehört und den ganzen Reiz und Wert seiner Auffassungsgabe und seines Denkens in sich aufgesogen. Ist wiederholt, wenn sie hat lachen müssen, im Lachen steckengeblieben und erschrocken. Der Ernst dahinter und die Wut sind ja unüberhörbar. Etwas Kaltes, Knappes, Zuschlagendes ist auch dabei, das ihr angst macht.

«Horch», er weist mit dem Kopf zum Tisch hinter ihnen.

Da sitzen drei Biedermänner und ein Afrikaner vor ihren Bieren und politisieren. Die Zerstörer und Geiferer wagten sich bereits aus ihren Verstecken, Vorboten der Mobilmachung von 1914. Die Leute glauben, daß die Sozialisten den Staat zerstören. Die Warnungen von Kurt Eisner, führendes Mitglied der Unabhängigen Sozialdemokratischen Partei

Deutschlands, werden überhört. Die Not wächst, das Fieber der Zeit beginnt die einfachen Leute zu verwirren.

«Do schaun S' hin, Fräulein», sagt der Valentin Karl, «da horchen S' zu.» So ganz kann er sich für das «Du» wohl noch nicht entschließen, und manchmal sagt er gar «Du, Fräulein».

Die Liesl sperrt Augen und Ohren auf. Spielt das Lehrmädel vom Valentin. Sie zählt innerlich die Haß- und Wutworte der drei Bayern gegen die Fremden mit. Es juckt sie, diese Worte durcheinanderzumischen und auszusprechen, sie noch giftiger, noch absurder zu machen.

Nicht einmal Raubtieren, denkt sie, bringen die Menschen heute eine solche Abwehr entgegen wie den Fremden.

Schon hört sie mit Valentins Ohren, sieht mit seinen Augen, ist ganz Medium. Beobachtet ihn, wie er beobachtet, selbst schon zusammengekauert wie die drei Bayern, den Körper gekrümmt und angespannt, die Schultern hochgezogen, den Kopf in sie eingebettet, als erwarte er einen Schlag.

Diese Drohgebärden! Einer der drei hebt wütend den Arm mit dem Bierkrug, als wolle er auf den Afrikaner einschlagen, aber er hält inne und führt den Krug an den Mund, säuft, spuckt aus. Einer schickt Boxhiebe beim Reden durch die Luft, die dennoch ins Schwarze treffen. Absichtsbewegungen, zu Ersatzhandlungen geronnen.

Der Valentin scheint das Zuschauen zu genießen. Er verhält sich ganz still und heimlich, wie ein Dieb, der in einen fremden Obstgarten eindringt, und doch sieht sie genau, was für ein Vergnügen ihm das bringt. Solange er zuhört, ist er unschuldig wie ein neugeborenes Kind. Doch sobald er spricht und die abgelauschten Sätze zusammenknüpft, ist ihr, als schwebten die Opfer, denen er diese Sätze stiehlt, erhängt in der Luft, an einem Strick aus ihren eigenen Worten.

Die drei Bayern haben jetzt genug Haßworte und Bier strömen lassen und entfernen sich von dem «Buschmann», um ihr Zuhause, ihre feste Burg, aufzusuchen, wo ihnen das

Fremde nichts anhaben kann. Aber ihre Worte verschwinden nicht. Ihre Gesichter, ihre Stimmen, ihre Gestalten hängen noch im Raum, vor allem aber am Valentin und an der Liesl, sind an ihnen haftengeblieben und nehmen den Weg nach innen. Sie gehören hinfort zu ihrem künstlerischen Mobiliar.

Die Liesl juckt's, ein wenig zu spielen. Sie nimmt eine Lehrerinnenhaltung ein, eindeutig in ihrer Dominanz, und fragt: «Was haben wir in dieser Unterrichtsstunde gelernt? Karl! Wir haben über die Fremden gesprochen. Aus was bestehen die Fremden?»

Der Valentin ist nur kurz überrumpelt, dann denkt er nach, nimmt eine Schülerhaltung ein und sagt: «Aus ‹Frem› und aus ‹den›.» Der Valentin hat eine klare Frage flugs durch die Gehirnwäsche der Silbentrennung in zwei fremde Silben verdreht.

Der Liesl als Examinierenden fällt nur ein kleines Lob und eine Replik ein:

«Gut – und was ist ein Fremder?»

Der Valentin, der sich gern Worte raussucht, die einen Doppelsinn haben, hat rasch die Antwort:

«Fleisch, Gemüse, Obst, Mehlspeisen und so weiter.»

«Nein, nein, nicht was er ißt, will ich wissen, sondern *wie* er ist.»

Worauf der Valentin einmal durchschnauft, in eine renitente Körperposition geht und widerborstig entgegnet:

«Ja, ein Fremder ist nicht immer ein Fremder.»

Das Weiterführende dieses Gedankens verschlägt der Liesl kurz den Atem, dann funkeln ihre Augen vor Vergnügen. Aber sie bleibt in ihrer Rolle und fragt:

«Wieso?» Sie weiß im selben Augenblick, wohin ihn diese Frage führt, ja, sie hat ihn unbewußt dahin geleitet (oder er sie?).

Der Valentin will nicht auf halbem Wege stehenbleiben:

«Fremd ist der Fremde nur in der Fremde.»

Jetzt kontert die Liesl mit einer für ihre Neugierde und

ihren Wissensdurst typischen Frage, eingeleitet durch ein Lehrerinnenlob:

«Das ist nicht unrichtig. – Und warum fühlt sich ein Fremder nur in der Fremde fremd?»

Dem Valentin obliegt es, ihr nun auf unmißverständliche Weise klarzumachen, daß er ihrer Fragerei haushoch überlegen ist. Er wirft sich in die Hühnerbrust:

«Weil jeder Fremde, der sich fremd fühlt, ein Fremder ist, und zwar so lange, bis er sich nicht mehr fremd fühlt, dann ist er kein Fremder mehr.»

Er gibt nicht nach, aber die Liesl fühlt, daß sie an etwas näher herankommen, und herausgefordert von der Funktion der Lehrerin, die schließlich für die geistige Verfassung des Schülers verantwortlich ist, läßt sie den Valentin sein Spiel noch weiter treiben:

«Sehr richtig! – Wenn aber ein Fremder schon lange in der Fremde ist, bleibt er dann immer ein Fremder?»

Diese in heiterem Ton hervorgebrachte, fast triumphierend herausgeschmetterte Frage, bei der sich ihr Busen dehnt, ringt dem Valentin eine kurze Besinnungspause ab. Für eine Weile erblickt sie sein ratloses Blinzeln, dann sieht sie: Er hat's (und zieht gleichzeitig einen Zettel hervor, macht sich Notizen):

«Nein. Das ist nur so lange ein Fremder, bis er alles kennt und gesehen hat, dann ist ihm nichts mehr fremd.»

Der Liesl schwimmen plötzlich die Worte wie Fische durcheinander, sie hat mit einem Mal eine Prüfungsangst, stottert, probiert es noch mal und stößt plötzlich hervor:

«Es kann aber auch einem Einheimischen etwas fremd sein?»

Jetzt steht dem Valentin wieder Material in Hülle und Fülle zur Verfügung, und er holt aus:

«Gewiß, manchem Münchner zum Beispiel ist das Hofbräuhaus nicht fremd, während ihm in der gleichen Stadt das Deutsche Museum ...»

«... sehr fremd ist», vollendet die Liesl und resümiert: «Damit wollen Sie also sagen, daß der Einheimische in mancher Hinsicht in seiner eigenen Vaterstadt zugleich noch ein Fremder sein kann. – Was aber sind Fremde unter Fremden?»

«Fremde unter Fremden sind: wenn Fremde über eine Brücke fahren, und unter der Brücke fährt ein Eisenbahnzug mit Fremden durch, so sind die durchfahrenden Fremden Fremde unter Fremden ...»

Erregt und ganz bei der Sache, machen sie noch ein Weilchen weiter mit ihrem Hohnbild einer madig gewordenen Gesellschaft, und später muß die Liesl seinen Block nehmen und aufschreiben, was sie gesagt haben. Sie schreibt alles aus dem Gedächtnis nieder, verbessert ab und zu ein Wort. Ihre erste dramatische Arbeit.

Es ist erstaunlich, denkt Valentin, wie sicher sie sich bereits auf diesem Kunstgebiet bewegt, aber das sagt er lieber nicht laut. Er wird sie brauchen können, zu zweit könnten sie was werden.

«Das Gegenteil von fremd wäre also – unfremd?»

«Wenn ein Fremder einen Bekannten hat, so kann ihm dieser Bekannte zuerst fremd gewesen sein, aber durch das gegenseitige Bekanntwerden sind sich die beiden nicht mehr fremd. Wenn aber die zwei mitsammen in eine fremde Stadt reisen, so sind diese beiden Bekannten jetzt in der fremden Stadt wieder Fremde geworden. Die beiden sind also – das ist zwar paradox – fremde Bekannte zueinander geworden.»

So haben die beiden schon sehr früh über sich selbst eine Ahnung bewiesen.

3. KAPITEL

Das gschlamperte Verhältnis

In dem erzählt wird / wie der Valentin Karl und die Liesl /
ein Liebespaar geworden sind / so im Jahr 1911 / 1912
muß das gewesen sein / Genaueres weiß man nicht /
Überhaupts, niemand kennt zwei Menschen so gut / zu
99 Prozent / ist's immer erfunden … / aber so gwesen
könnt's sein …

Die beiden stehen vor Liesls Haus. Da drin hat sie ein billiges Untermietzimmer ohne Komfort sozusagen: Tisch, Stuhl und Bett, ein Kleiderschrank.

«Also kommen S' jetzt mit oder net?»

«Wohin?»

«Nauf.»

«Da war ich scho amal!»

«So?»

«Ja!»

«So, da warn Sie schon amal?»

«Ja, öfters scho!»

«Ja, dann hat's keinen Sinn, i hab gmeint, Sie warn überhaupt noch nicht dort.»

Währenddessen beobachtet sie, wie es hinter Valentins Stirn arbeitet. Eigentlich ist er ihr immer noch nicht sonderlich sympathisch, als Mann. Gar so dürr, vielleicht muß sie lachen, wenn seine Knochen in den Armen knacken.

Ihr Sündenfall kommt, wenn er den Mund aufmacht. Dann staunt sie ihn an, weil alles so unbeschreiblich treffsicher ist. Überhaupts sein Mund. Es sind nicht die Augen

29

mit ihrem Glimmen und Funkeln, gar Aufleuchten, wenn er wieder mal eine menschliche Schwäche entdeckt. Die Nase schon gar nicht. Vom Gestell überhaupt nicht zu reden. Es ist der Mund, der was Feines und Verletzliches hat, dessen schmerzlicher Ausdruck manchmal völlig aus dem Rahmen fällt und gar nicht mehr mürrisch ist.

Nein, sein Körper lockt sie nicht, sondern sein einsam schweifender Geist. Der ist mindestens so ein Einzelgänger wie sie.

«Mögen tät ich schon wollen, aber dürfen trau ich mich nicht ...» Er umfaßt sie an der Taille, geht in die Knie und zieht sie leicht zu sich heran.

Warm ist die Nacht, ein südlicher Sommerabend, der Himmel noch von tiefem, fast violettem Blau. Nach dem Kuß wissen sie nichts zu reden und blicken auf die vertrockneten Fliederbüsche und den Hof mit seinen Kehrrichttonnen und der Teppichstange.

«Lassen S' mich, gehn S'!» sagt die Liesl ein wenig zu spät. Von der Liebe weiß sie noch nichts, und es zieht sie noch nicht sonderlich hin. Sie ist verwundert, ein bißchen unruhig vielleicht, nicht gerade unglücklich. Sie weiß nicht, was sie tun soll. Sie wartet noch auf den Blitz und auf eine starke Stimme.

Neunzehn Jahr ist sie jetzt und hat noch nie einem Mann gehört. Der Vater hat gesagt, auf die Männer ist kein Verlaß nicht ... Aber vielleicht hat sie auch Glück gehabt, daß sie den Valentin kennt und von ihm lernt. Das mit der verunglückten Soubrette (und dem fehlenden Busen) sitzt immer noch tief. Sie würd ihm schon gern zeigen, daß sie einen hat.

Ihrem Blick entgeht nicht das geringste Detail, als sie oben sind und er sie plötzlich heftig aufs knarzende Bett niederdrückt: «Sind S' bloß leis, meine Wirtin ...» Sie verstummt unter seinen Küssen und bekommt keine Luft, sie denkt, als er sie festhält, an seine Finger um ihren Hals. Aber Valentin ein Lustmörder? Das nun doch wieder nicht.

Außerdem schnauft er wieder wie verrückt und bekommt keine Luft, es rasselt laut aus ihm in dieser Stille. Sie hat Angst vor dem, was jetzt kommen soll und was ein Mädel so im Bett, auf Tisch oder Bank oder im Gras erleben kann, aber sie ist auch neugierig und will heraus aus ihrer Einsamkeit. Sie hat ein bißchen von der Welt gesehen und Theaterluft geschnuppert, nun will sie auch als Frau ihre andere Seite kennenlernen.

Der Valentin hat wieder einen vertrackten Hustenanfall. «Wenn S' nicht Ruh geben», sagt die Liesl, «dann kommt meine Wirtin ...»

Mit seinen langen Füßen scheuert er die Diele, dieser ausgemergelte Kerl. Jetzt streift er sein Ruderleiberl über den Kopf, und sie sieht seine magere Hühnerbrust.

«I weiß scho, daß i daherkomm wia a Bahnwärtershäusl aus Wellblech», hüstelt er, «nicht amal zum Militär ham s' mich brauchen können.»

Sie streichelt seine ärmlichen sechs Brusthärchen.

«Meiner Seel», sagt sie, «was fehlt dir denn auf der Brust?»

«Ich leid seit meinem zehnten Lebensjahr an Asthma», sagt er, «auf deutsch übersetzt: Ich kann nicht richtig schnaufen ...»

«*Dafür* schnaufen S' aber ganz gut.» Der Valentin hat ihr das Dirndl geöffnet und blickt in ihr Mieder, und die Liesl ertappt ihn dabei. Rasch sieht sie nach oben zum Plafond, als hätt sie es nicht gesehen. Woraufhin der Valentin schuldbewußt wegschaut. Sie legt ein Taschentuch über die spärliche Lichtquelle am Bett.

Sie sagt: «Hör mal, so was ist mir noch nie passiert, das ist seltsam, ich weiß auch nicht, was man da tut ...»

Valentin gibt wieder ein achtunggebietendes Gehüstel von sich und stößt hervor: «Woher soll ich denn das wissen ...»

«Jetzt versuchen S' nicht, was Sie wissen, zu verbergen.»

Eigentlich will sie ihn fragen, ob er schon viel andere Frauen gehabt hat, da legt er seine Hand auf ihre Brust, und sie verstummt. Sie wird unentschlossen, was sie mit seiner Hand da anfangen soll. Soll sie sagen: ‹Was machen S' denn da mit ihrer Hand?› Soll sie sagen, daß sie das glücklich macht? Daß sie Liebe für diesen langen Lackel fühlt? Was für eine Liebe ist denn das?

Jetzt zuzelt er an ihrer linken Brust, und sie fühlt, daß sie das ungeheuer aufregt. Andererseits denkt sie: Meine Brust ist nicht so eine Brust zum Zuzeln, das hat die noch nie gemacht! Was erlauben Sie sich da! Ist das normal? Meine Brust ist nicht dazu da, daß Sie mir so ein Herzklopfen machen!

Aber wozu ist die Brust eigentlich da?

Und weil das alles so widersprüchlich ist und sie's nicht weiß, schweigt sie und läßt es zu, daß er langsam seine lange Hand über ihren Bauch hinabgleiten läßt, dorthin.

Vielleicht ist da wirklich der Mittelpunkt der Welt. Scharlachrot sieht sie ihr Herz unter ihrer Brust pulsieren, und jetzt weiß sie, daß sie verliebt ist und deshalb eigentlich alles in Ordnung ist.

Trotzdem ist da in ihr etwas Ungeordnetes, Beunruhigendes, aber sie versucht, es zu ignorieren. Das gar so Freie ist nichts für sie, so ganz kann sie sein Vorpreschen nicht beeindrucken, da fehlt noch etwas, irgendeine Zusicherung. Man verliebt sich doch nicht, um nur so einfach miteinander zu tandeln, da muß doch noch etwas anderes sein, und überhaupt, warum hat er so eine alberne gestreifte Unterhose an? Das gehört zu den Auswirkungen der Liebe, die mehr oder weniger komisch sind.

Liebe und Schnaufen, Liebe und Gehüstel, Liebe und gestreifte Unterhosen, offenbar sind das unausweichliche Bedingungen, das hat eher was Lächerliches als etwas Melodramatisches. Liesl hat all ihre Couplets im Kopf, in denen so viel von Herz und Schmerz, Treue und Untreue, Eifersucht und Nebenbuhlern die Rede ist, das Gemisch kann einem auch angst machen.

32

Tragödien, Intrigen, großes Theater, grandiose Liebesge-
schichten – und nun das? Hüsteln, Rülpsen, ein schlechter
Magen, Sodbrennen? Liebe vortragen und Liebe ertragen,
das ist offenbar zweierlei.

Sie versucht, aus dem bißchen Wissen hoffnungsvolle
Schlüsse zu ziehen, den Weg nach vorn zu finden. Und sie
klammert sich an das lange Gestell wie an die Folge ihrer
Couplets und Konversationsstücke, deren Beteiligte sie sich
nun leichter ins Leben zurückholen kann.

Der Valentin wiederum liegt neben ihr wie in einem
Krankenhausbett, umschwirrt von fürchterlichen Bezügen,
er hängt am Tropf seiner Ängste und horcht auf das Blub-
bern, den warnenden Sirenenton. Im Bett kann man sich al-
lerlei Krankheiten holen, Beischlaf hat mit Ansteckung zu
tun. Dreck, Schmutz, Ausscheidungen, Urin, Speichel, alles
Bazillenherde, Lustseuchen, Filzläuse, Epilepsie, Leisten-
bruch, Keuchhusten, Lungenleiden, Herzattacken, Darmin-
fektionen, Hautausschlag, Flöhe, Läuse, Wanzen, dazu der
Grind der moralischen Verpflichtung mitsamt ihren Folgen,
als da sind Eifersucht, Heiratswunsch, Besitzstreben, Lüge
und Heuchelei, Schuldgefühle, Kindersegen, gar Totschlag
und Mord ...

All dies durchjagt seine Pulse hektisch und furchtein-
flößend, während es unter seiner Haut gar seltsam und heftig vibriert. Liebe ist nicht Theater spielen, egal, wie sehr er
auch sein eigenes Stück manchmal bewundert, Liebe hat
auch mit Aufrichtigkeit zu tun, und die Wahrheit, die
schüchtert ihn ein. Wie man im Dunkeln munkelt, so dunkel
oder hell sieht man sein Leben ...

Andererseits, sagt sein Körper nicht auch, was los ist? Der
liegt ja wirklich nicht gerade verloren neben ihm, sondern ist
aufgerichtet (aufrichtig?) und groß und geschwollen, der
weiß, was er tut, ist gar nicht mehr davon abzubringen. Das
Theater der Liebe ist vielmehr längst losgegangen, und die
Hauptfigur, die dramatische, ist er. Er ist sozusagen aufgetre-

ten und agiert, flüstert, stammelt, stolziert um sie herum, mit präsentiertem Gewehr. Tut spaßig, zärtlich, liebevoll, schmeichlerisch, faßt dorthin, dahin, schiebt auseinander, greift in die Vollen, zappelt, wiegt, als sei die Welt nur ihrer Brust wegen da.

Sie hingegen ist wie in Trance, weiß vielleicht gar nicht, daß er diese Brust in den Händen hält und daß er ihre Knie auseinandergedrückt hat, sonst wäre ihr das sicher sehr peinlich, auch wenn sie wüßt, daß er nur noch Schoßgedanken hat, Kuschelgedanken, Beischlafideen, sie liegt ganz weltvergessen da und läßt es zu, diese ganze Szene, die nur Ouvertüre zu der nächsten ist, dem Hauptakt, den nur er eröffnet und niemand sonst. Denn jetzt drängt unweigerlich das ganze Vorspiel zu einem Abschluß, das Schminken, die Garderobe, die Probe, jetzt kommt die Stunde seiner Möglichkeiten.

Noch einmal, ehe er es tut, rekapituliert Valentin seine Ängste, die in fliegendem Wechsel sein Gehirn durcheilen, memoriert seinen Text, auch wenn er den Satiriker innerlich höhnisch grinsen läßt. Der an einer jungen, appetitlichen, hübschen Frau hängende Unterhaltungsministrant mit dem Herzklappenfehler und dem Beuschlhustwerk, sich verirrend in diesem zusammengeballten Weiberfleisch ... Du kennst doch dieses Schauspiel durch und durch, sagt er sich, machst es nur, weil du Angst vor dem Alleinsein hast, das für dich das Höchste und Allerentsetzlichste ist und das doch, wie du weißt, danach wieder seine belegte Zunge rausstreckt ...

Die Ruhe überrascht ihn selbst, mit der er es jetzt plötzlich tut. Aber schließlich hat er es schon ein paarmal geprobt, kennt dieses Theater durch und durch. Alles kommt ihm jetzt wie von selbst, die Süßholzworte, wie auswendig gelernt, sein Geküsse, perfekt einstudiert, und dazu ein Genuß ohne Scham, zumindest im Augenblick. Er setzt sich ganz gut in Szene beim Lieben, warum weiß er auch nicht.

Es liegt ihm, wie allen, die einsam sind, weil er weiß, daß er letztlich die Frau nie haben wird. Du Hundsfott, meint er, du gemeiner Mensch, was du nur denkst alles, wenn du angeblich liebst. Das ist deine poetische Seite. Immer zerrissen, immer im Zwiespalt, immer heimtückisch, niederträchtig, infam. Stoß dich nur blutig, dein Beuschl pfeift aus dem letzten Loch. Die hält dich umklammert wie eine Ertrinkende, seufzt, stöhnt, weint, wie einen Tag nach deinem Tod. Liebe ist eine hohe Kunst und der traurigste Dilettantismus zugleich. Alles weist hartnäckig auf sein Ende hin. Der Vergleich zu einem Begräbnis liegt nahe.

Und er streichelt ihr seidiges Kostüm und liegt schmachtend auf ihr, dann bringt er's hinter sich, vorbei diese verletzlichen widersprüchlichen Augenblicke. Er kann jetzt nicht mehr sagen, ob er verliebt ist oder nicht. Er ist abgefallen, einzeln, in der Weltgeschichte verloren.

Alles ist nach Plan abgelaufen, wie auch das folgende, wozu eine jede Frau ihre eigene Leidenschaft hat, wie auch die Liesl. Die Stümperhaftigkeit seiner Darbietungen und seines Gestammels haben sie mitnichten abgeschreckt, sie will mehr. Will, daß er nochmals rekapituliert und aufsagt, die ganze Liebeslitanei, all diese einstudierten Worte.

«Sie Fräulein», sagt er da, wieder ganz Herr seiner Sinne, «ich bin ein Mensch, der allen Liebesklamauk nicht verträgt, wie Eifersucht, Bocken, Liebesschwüre, weder bei der Frau noch bei der Freundin. Ich bin als Vorstadtpflanze aufgewachsen und als Gentleman den Frauen gegenüber in hinterster Reihe gestanden ... Ich bin kein direkter Rüpel, aber die Brennessel unter den Liebesblumen.»

Noch vor der Tür holt er einen Zettel aus der Jackentasche und notiert: «Und mutlos, wie eine Memme, bin ich oft vor dem Blick und einem Wort einer schönen Frau feige von dannen geflüchtet.»

4. KAPITEL

Der Dreier

*So kommt es / daß die Liesl sich vorzeiten in einer
verzwickten Lage befindet / aus der es keinen Ausweg
gibt / Noch tritt sie 1911 solo auf / als «Blödsinnskönigin
Frl. Lisi» / passend zum heimlichen Geliebten / dem
«Blödsinnskönig Valentin» / Mit knurrendem Magen / oft
nur zwei Semmeln im Bauch / ein Taglohn für einen
Arbeiter / ergibt 3,40 Mark / ein Pfund Schweinefleisch /
kostet 75 Pfennige / und ein Pfund Butter / eine Mark /
Das ist kurz vor dem patriotischen Rausch / der alsbald
München befällt / die erste deutsche Frau / erhebt sich in
die Lüfte / Die Damen tragen «Humpelröcke» / und in
den USA wird der Muttertag Feiertag . . .*

Ausgerechnet sie mußte sich einem Strizzi hingeben, der
frisch verheiratet ist und zwei Töchter hat! Dieser Hallodri
hat erst lang nichts von dem Dienstmädel verlauten lassen,
das er am 31. Juli 1911 ehelicht und mit dem er, wer weiß,
seit seinem siebzehnten Lebensjahr ein Gspusi hat, geliebt
jedenfalls hat er sie gleich, als sie ein Jahr vor Anbruch des
neuen Jahrhunderts ins Haus der Eltern kam. «Mei, is die
sauber!» soll er gerufen haben. Gisela heißt die Hur und versteht überhaupt nichts vom Theater. Erst hat die Liesl lang
nichts gespannt, warum der Valentin rumdruckst und
abends verschwindet, wohin, sagt er nicht, aber sie hat sein
Herz dabei pumpern gehört, und der Asthmahusten war wie
bei einem feuerspeienden Drachen.

Ein Teil von ihr möcht, daß der Kerl verreckt und das

Weib mit ihm, die schiache Gisela, ein anderer möcht weiter verliebt bleiben, schmachtend neben dem Skelettgigerl liegen. Doch diese Sklavenseele hat sich plötzlich in die sogenannte Harmonie ihrer Arbeits- und Liebesbeziehung eingeschlichen, diese Frau, die nie was von Gerhard Hauptmann gehört hat, die von Musik und vom Instrumentespielen nicht die geringste Ahnung hat, ausgerechnet die.

Und er: Ja, nach und nach hat sich gegen seinen Willen die Geschicht sozusagen von hinten aufgerollt, und manchmal hat die Liesl sich vor Lachen und Weinen abwechselnd nicht halten können, die Geschicht von der Schlossermeisterstochter Gisela aus Aufhausen, die einen halbwüchsigen Buben nimmt, nur weil ihr sonst nix zur Verfügung steht; hat sich an ein Kind rangemacht mangels gesellschaftlicher Kontakte. Hat natürlich, was sonst, eine unglückliche Kindheit gehabt, genau solche Menschen sind es, denkt die Liesl, die sie immer schon aufgregt haben, die zurücktreten und angeblich nix wollen, in sogenannter Bescheidenheit. Das Zerrbild einer normalen Frau mit dieser sprichwörtlichen Anspruchslosigkeit, die die Liesl zur Weißglut bringt, diese Person mit ihrer hausfraulichen Perfektion und Bratkartoffelverhältnislächerlichkeit, die grapscht sich das dürre Original! Der soll ihr doch nicht weismachen, daß die nicht ganz hinterfotzige Ziele verfolgt, und ihre geistige Minderbemitteltheit ist mitnichten mit Hilflosigkeit zu verwechseln. Eine ehrgeizige Handwerkerstochter, die ins exotische und abenteuerliche Leben der Münchner Au einheiraten will, unter Berühmtheiten und Originale wie der Steyrer Hans, der als der stärkste Mensch der Welt bezeichnet wird und dessen Spazierstock 25 Pfund wiegt, oder der «Kohlrabiapostel», der Maler Tiefenbach mit seinem schulterlangen lockigen Haupthaar und seiner mönchsartigen Kutte oder eben der Valentin, dem eine beträchtliche Zukunft zu prophezeien ist, so begabt, wie der ist. Nein, das wird sie nicht zulassen, daß so ein dahergelaufenes Weibsbild, nur spitz auf Brot und eigenes Bett mit hellgeblümten Bezügen und weißem Eisengestell und über dem Bett, in dem sie sich für ihn breit macht, ein Bild, daß so eine gar unsere Aufführungen besucht; bestenfalls darf sie ihm weiterhin seine Kostüme schneidern, das Nähmaschinenmensch, nein, was ihn nur dazu gebracht hat, ausgerechnet dieses Weib zu seiner Lebenslänglichen zu machen ...

Sie ahnt schon, die Liesl, in was für einer ausgetüftelten Ménage à trois sie sich da befindet, der Valentin arbeitet mit Netz.

Da hamma uns wirklich was Schöns einbrockt, sagt sich der Valentin, zwischen zwei Raubtiere bin ich da gefallen, und mein Herz, um mei Herz geht's da längst nicht mehr. Gefülltes Herz mit Reisrand, eine innen zu Hackfleisch durchpassierte Herzmasse. Und eine jede von den zweien zaht und zaht und ist von ihrem Normalsein überzeugt, wenn's mich in zwei Stücke reißen. Wie geh ich am besten vor? Setz ich mich als von beiden Enttäuschter in Szene? Spiel ich das angebliche Wohlverhalten der einen gegen das der anderen aus? Oder Flucht in die Krankheit, Herzleiden, Beuschlhusten, Exitusandrohung und aus? Wenn ich mit jeder von ihnen allein bin, gibt's nicht die geringste Schwierigkeit, aber so bin ich mir dauernd selbst im Weg. Und das Einfachste, nämlich mal mit der und mal mit jener, scheint wirklich das Allerkomplizierteste zu sein. Vertrackt auch die Liesl mit ihrer Hochintelligenz, die stellt dich immer, und Ausflüchte nützen da nix. Eine eher schwierige Frau, das hättst du dir auch nicht gedacht! Da ist die Gisela wesentlich voraussehbarer auf ihre anspruchslose Weise, und ihr wütendes Gekeif hat mich manchmal direkt gerührt. Irgendwie hat s' ja recht, wenn sie meint, die einzig Normale in der Familie sei sie, die mischt sich in nichts hinein, wo sie nichts zum Suchen hat. Während die Liesl auf fast hysterische Weise alles an sich reißt, die ist auf Liebe fixiert und seliges Zähneblecken und O-du-mein-Schatz, solche

Karl Valentin und Liesl Karlstadt, undatiert.
«Es hat mich erst Mühe gekostet, meine weibliche Eitelkeit dabei zu vergessen. Wenn ich z. B. den Kapellmeister im ‹Vorstadtorchester› spiele,
mit Spitzbart und ausgestopftem Bauch, da nehmen viele, die mich in
Wirklichkeit nicht kennen, an, ich wöge zwei Zentner und sei 60 Jahre
alt.» Liesl Karlstadt in ihrem Bühnenalbum.

Ansprüche enden notwendigerweise mal in der Verbitterung.

Andererseits, die Gisela sitzt zu Hause die ganze Zeit da, und ich laß sie warten, ein solches Mensch verdient eine gewisse Anhänglichkeit, und ihre Ergebenheit ist mitnichten theatralisch aufgesetzt. Die kocht mir meine Leibgerichte, hält mir die Leibwäsch zusammen und sorgt gut ums Kind, und über die Armut hat sie sich niemals beklagt, ist sie gewöhnt.

«Daß er mit der Fräulein Karlstadt besser harmonisiert hat», sagt Giselas Tochter später zu Alfons Schweiggert, der über «Karl Valentin und die Frauen» ein ganzes Buch geschrieben hat, «das ist ganz klar. Aber meine Mutter hat er halt gebraucht, die war eine gute Hausfrau.» Und Valentins Frau hat 1956, da war sie grad 75, dem Münchner Merkur geklagt: «Die meisten Leut haben immer gemeint, die Liesl Karlstadt wär seine Frau! Aber wenn ich gemeint hab, zurücktreten zu sollen, dann hat er mir immer wieder versichert: Ohne dich kann ich nicht leben!»

Das ist eine Realität, und dementsprechend verhält sich der Valentin Karl, und er hat am Tag der Hochzeit das Gefühl, zum erstenmal im Leben aufrecht zu stehen. Doch schon am nächsten Tag geht er in die Werkstatt seines Vaters und werkelt an einem Nachtkasterl. Das tut er gern, wenn über ihm alles zusammenschlägt. Der Valentin ist als Schreiner ein Künstler. Dann streicht er zärtlich über das glatte Holz, das beruhigt.

Vielleicht wärst doch lieber Möbeltischler geworden, denkt er.

's Handwerk hat an einfachen Boden, und das, was du jetzt tust, ist immer doppelbödig. Du könntst ganz normal zu Hause sein, gut essen, deine Kinder lieben und mit deiner Frau spazierengehen. Und so was Beunruhigendes wie die Liesl wär nicht in dein Leben getreten, dieser ganze Liebeskelch wär an dir vorübergegangen. Auch müßtest nicht immer gegen dich selbst angehn auf philosophische Weise, wärst mit dir selbst im reinen.

Solche Gedanken pflegen ihn dann zu erschlagen, und der Valentin duckt sich über dem Möbelstück, an dem er herumschleift, verkriecht sich beim Basteln vor seinen Gedanken. Dann aber rennt er zur Hobelbank, neben der sein Grammophon steht, und spielt sich ein paar Platten, singt und pfeift, und manchmal läßt er den Hobel sausen und macht sich Notizen auf einem Zettel, weil ihm gerade eine Strophe für ein Couplet oder ein Szenendetail eingefallen ist. Dann wieder rezitiert er laut vor sich hin, läuft rum und macht seltsame Sprünge, daß ihm das Brett auf die Füße fliegt. Er schluckt mit einem Glas Wasser ein Beruhigungspulverl, notiert die Einnahmezeit auf seiner Liste und eilt aufs Klo, weil es ihn drückt, wenn er an sein Schlamassel denkt. Der Gedanke an eine entschwindende Liesl oder fliehende Semmelnknödeln seiner Gisela oder an Magengeschwür und Asthmatod bedrängen seinen Darm, und manchmal geht er hoch ans Kinderbettchen und schaut wütend das schreiende Kind an, das ihm das alles eingebrockt hat.

«Soll ich mich jetzt freuen?» sagt die Liesl, als er das Nachtkasterl bringt.

«Freilich sollst dich freuen!»

«Muß ich mich freuen?»

«Ja, müssen tust du nicht! Sollen sollst du dich.»

«Was soll ich sollen?»

«Freuen sollst du dich, daß du mich so lang nicht mehr gesehen hast.» Abgang Valentin.

Dann nähert er sich wieder dem ehelichen Haus, und seine Seele verlassen die grausligen Konflikte. Und während er die Haustür aufschließt, wird die Liesl immer kleiner und schmächtiger, und die Gisela, die auf ihn wartet mit dem Kind – das andere Töchterl ist bei den Großeltern –, steht vor seinem geistigen Auge in Weiß und Gold. Und als er, ein wenig abgerissen nach der mit der Liesl verbrachten Liebesstund, in die Stube tritt, hat sie ihn schon kommen gehört und trägt eine Bouillon auf, die flimmert und schimmert wie eitel Gold, sagt: «Da is was Warmes, für deinen empfindlichen Magen.» Da muß der Valentin beinah ein wenig weinen.

5. KAPITEL

Die verbale Hochzeit

*In dem erklärt wird / wie man als Verheirateter / nochmals
heiraten kann / ohne zu heiraten / und wie die Liesl
beinahe / entgleist und verkommt / wie sie ihren Namen
kriegt / und wie's daraufhin / erst so richtig losgeht mit den
beiden ...*

*Es ist 1912 / in Amerika erfinden s' das Montageband /
auf dem Balkan geht der Krieg los / in Bayern hört's auf
mit dem Zusammenspiel mit den Sozialdemokraten / und
manchmal hört man / in der Bierwirtschaft die Männer
sagen / gegen all das Elend / mit der Arbeiterschaft / helfe
nur ein «Großer Krieg» / ein «Stahlbad der Nation» ...*

«Möge es uns vergönnt sein, das neue Jahr und noch viele
andere Jahre mitzumachen in der wahren Liebe zueinander
wie bisher», schreibt der Valentin Karl der Liesl zum 31. Dezember 1912 und wünscht sich: «Bleibe fernerhin mein gutes
braves Lieserl.»

Die Liesl hat den Ehrgeiz, die schönste und beste aller
Diven zu werden, noch nicht verloren. Und mit noch keiner
Szene hatte sie so rauschenden Beifall als mit Karl Valentins
parodistischem Couplet, wenn sie bei der Stelle «Ach nimm
mir einen Stein vom Herzen!» einen faustgroßen Stein mit
Operngeste aus ihrem Ausschnitt hervorholt und ihn mit
einem Plumps auf den Boden fallen läßt. Plötzlich kommt
das Publikum auf sie zu, man umarmt und beglückwünscht
sie. Dieser Jubel läßt ihre Bedenken, ins komische Fach zu
wechseln, verstummen. Doch nach einiger Zeit löst sich das

kleine Ensemble im Frankfurter Hof auf, Valentin schwindet aus ihrem Gesichtsfeld, ihr Traum von einer Bühnenkarriere mit ihm. Sie spricht bei Volkssängergruppen vor und bietet sich an, Rollen abzuschreiben, ohne Erfolg. Schließlich entdeckt sie in den Münchner Neuesten Nachrichten ein Inserat: «Zierliche, gutgewachsene junge Damen für Artistennummer und spätere Tournee gesucht.» Noch ist sie zierlich zu nennen, gut gewachsen ist sie zudem: Sie stürzt sich förmlich auf das vor ihr ausgebreitete Verhängnis.

Der Agent, dem sie sich vorstellt, fixiert sie, als wär sie eine Bauchtänzerin und sollte Mokkatassen auf ihren Brüsten tragen. Sie wird ganz rot und will nichts wie davon, da plötzlich knarrt er los: «Meinetwegen, wennst so unbedingt willst» und nimmt sie in seine Truppe auf. Jetzt ist sie eine Kurvenknospe und Mannsblüte und stellt sich in der Reihe auf. Die zwölf Mädchen sind eine musikalische Nummer, stehen da, jede ein Glöckchen in der Hand, und wenn sie an der Reihe ist, hebt sie den Arm langsam hoch mit wohleinstudierter Geste, macht in Brusthöhe «bim» und blickt dabei in die Ferne. So viel Töne, wie das Musikstück hat, so oft dürfen die Männer dieses Bim in vollen Zügen genießen, dann, wenn das Mädchen für «a» oder «c» dran ist. Die Männer können zusehen und sich ihrer gehobenen Arme erfreuen, die mögen diese Vervielfältigung, eine Frau ist denen immer zuwenig. Sie sitzen ganz hemmungslos da unten und schauen sie gierig und ungeniert an, wenn sie nicht nur einstimmig, sondern in direkt aufreizenden farbigen Klingelakkorden spielen, und manche setzen zur Tarnung eine nachdenkliche Miene auf wie bei einem Kunstgenuß.

Nachts schläft sie unruhig und bekommt diese Liedtexte wie «Mariechen, du süßes Viehchen», «Puppchen, du bist mein Augenstern» und «Die Männer sind alle Verbrecher» nicht aus dem Kopf und hebt selbst im Traum den Arm, um «bim» zu machen.

Will ich denn das? fragt sich die Liesl manchmal, wenn sie

Karl Valentin und Liesl Karlstadt, undatiert.
«Und mutlos, wie eine Memme, bin ich oft vor dem Blick und einem Wort
einer schönen Frau feige von dannen geflüchtet.» Karl Valentin im «Notiz-
zettel».

so dastehn wie die Orgelpfeifen, sie als die Kleinste natürlich am linken Flügel.

Die gebimmelte Welt ist jetzt die ihrige, und der Agent betont, daß sie eine gewisse Perfektion im Bimmeln erreicht hat, vor allem, wie sie es zur Schau stellt, alles in allem eine Darbietung, die sich sehen lassen kann und die ihre Schmächtigkeit hinfällig macht. Und er schlägt ihr vor, diese Arbeit auszubauen und mit der Truppe ins Blaue zu ziehen. Der Mann gibt sich als die Arglosigkeit selbst und als Karrierekenner, doch im Grunde ist er unerbittlich, wenn man sich seinen Vorschlägen verweigert. Aber noch denkt die Liesl an so etwas nicht, vielmehr freut sie sich drauf, ist stolz über dieses Angebot.

Der Valentin ahnt von dem allem nichts, während sie vor den Kollegen protzt, wenn sie aushilfsweise bei einer Haidhausener Volkssängertruppe auftritt und nach den Darbietungen zum Einsammeln geschickt wird.

Der Valentin hört zu und schreitet sofort zur Tat. Er steht vor der Liesl, die Händ hinterm Rücken verschränkt, das hat er von seinem Vater übernommen, und blickt auf den Scheitel der kleinen Person, die aufatmend ihren Spießrutenlauf vor den Vorstadtrowdies beendet hat. Sie hat sich's nicht träumen lassen, daß er aufkreuzt, und freut sich, doch ihr Lächeln schwindet sofort, als sie sieht, wie er schaut, als habe sie den Verstand verloren.

«Da hast dir was Schöns einbrockt, Fräulein», sagt er streng, «was glaubst, was der von euch will! Wo bleibt denn dei klarer Kopf? Am End is des gar a Mädchenhändler, wer weiß, bin i gar der Aufdeckung eines Verbrechens zuvorgekommen ...»

Er schnüffelt den Katastrophengeruch und zieht den Kopf ein, ergeht sich in Einzelheiten, aus der Sensationspresse bezogen. «Überhaupts», fährt er fort, «wie gefährlich ist das Reisen! Bei den meisten Menschen wundert man sich, daß s' bei der neumodischen Reiserei no am Leben sind. Was mich betrifft: Wie jeder Asthmatiker kann ich nur ein bestimmtes Klima vertragen, München, meine Heimatstadt, hat für mich das richtige Klima, da schnauf ich am leichtesten, und drum wär ich doch saudumm, wenn ich aus diesem Klima raus- und in ein anderes hineinginge. Und wenn ich so höre, daß in anderen Städten auch so ein Klima ist, will ich eigentlich gar nicht hin ...»

Die Liesl sieht sich den rothaarigen, zaundürren Lackl an, wie er in einem fort droht und donnert und speit und klagt: «Überhaupts, was du auch in erotischer Hinsicht treibst! Da sammle ich manchen Beweis, daß du zum Flitscherl geworden bist! Wie du die Mannsbilder anglotzt, den Busen bewegst!»

«Den beweg do ned i, des tut der von allein ...»

«Leugne es nicht!» sagt der Valentin, und in erotischer Hinsicht ist er wirklich der größte Zweifler und Anschuldiger und Eifersüchtler, der ihr je begegnet ist, der größte Dramatiker vor dem Herrn, der sich jetzt als Retter und Moralist aufspielt.

Und er fängt an zu husten, daß einen graust: «Jetzt pfeifen S' endlich auf diese blödsinnige Bimmelei!» Die Liesl hat noch Charakter genug, einmal Widerspruch einzulegen, doch dann gibt sie ihm ihre Hand und tut den entscheidenden Schritt.

Im April 1913 ist sie noch der «weibliche Humorist Liesl Wellano» und macht beim «Modernen Possen- und Humoristen-Ensemble A. Herrmann» im Arzbergerkeller ihre marionettenhaften Bewegungen. Im Juli schon wird sie unter Valentins Händen lebendig. Sie tritt, zwar noch nicht mit ihm, jedoch solo neben ihm, in einem Kabarett auf, im Serenissimus an der Akademie. Als Piccolo, als frecher Kellnerjunge, hat sie zum erstenmal eine eigene Sprach, ihre erste künstlerische Bewältigung des Themas «Mann». Da heißt sie

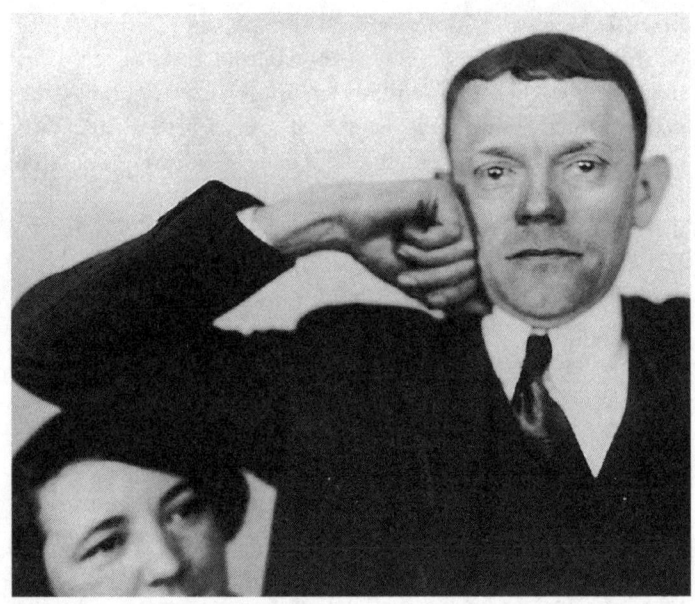

Karl Valentin und Liesl Karlstadt, Foto von Lotte Jacobi, 1930.

«Wenn ich ein Wort gebrauche», sagte Goggelmoggel in recht hochmütigem Ton, «dann heißt es genau, was ich für richtig halte – nicht mehr und nicht weniger.»

«Es fragt sich nur», sagte Alice, «ob man Wörter einfach etwas anderes heißen lassen kann.»

«Es fragt sich nur», sagte Goggelmoggel, «wer der Stärkere ist, weiter nichts.»

Lewis Carroll, «Alice im Wunderland».

im Programmheft noch «Lisl Makstadt», nach Valentins Idol, dem Volkssänger Karl Maxstadt. «Ich will einen eigenen Namen», hat die Liesl gesagt.

Der Valentin vergräbt den Kopf zwischen den Knien und rauft sich über so viel Undankbarkeit den Kopf. «Der Nam is für di wirklich zu gut! Der Maxstadt is mei Idealbild!»

«I bi mei eigenes Idealbild», sagt die Liesl störrisch, «i bin i!»

Trotzdem, der Gedanke, den Namen zu ändern, fangt an, sie zu reizen. Früher, in der Schul, hat man sie als Exotin gehänselt, überhaupts, vielleicht ganz gut, ein neues Leben mit neuem Namen anzufangen ...

«Trotzdem, was Männliches müßt es sein», denkt er weiter. Solche Gelüst nach Männlichem entstehn ihm bei der Liesl immer, wer weiß warum, in Mannskleider will er sie stecken, auf dem Kopf einen Männerhut, im Mund die Zigarrn. Das ist manchmal bitter; sie reckt ihre Apfelsinen.

Doch dann hat sie sich doch rumkriegen lassen, und der Valentin hat sie formen und kneten dürfen.

Sie ist eine merkwürdige Mischung Frau, mal zu dalkert, dann wieder nicht dalkert genug, mal weich, mal starr, und im Grunde hat der Valentin sie in der hohlen Hand. Da ähnelt sie Brechts Freundinnen, die waren auch hoch begabt und zutiefst beeinflußbar.

«Liesl Karlstadt», denkt der Valentin laut, «was moanst? Liesl Karlstadt und Karl Valentin – natürli umgekehrt, wos denkst? Der ‹Karl› ist das einzige, was von meinen Eltern übriggeblieben ist. So holen wir die Hochzeit nach.»

Die Liesl entgegnet was, das nicht grade wie ein Danke klingt.

6. KAPITEL

Die Alpengipfel

*Worin dargestellt wird / wie's aufwärts geht mit dem
Karl und der Liesl / Es ist das Jahr 1913 / und in die
Zukunftseuphorie des Münchner Künstlervölkchens /
dringen vaterländische Elemente / August Bebel stirbt /
das «Kapital» von Marx erscheint als Volksausgabe / und
die englische Suffragette Emily Davison / wirft sich beim
Derby vor die Hufe eines Pferdes ...*

Und weiter geht's mit unsrer Gschicht, im Grund immer in
München. Irgendwie ist der Auftritt im Serenissimus der Beginn der Erschaffung dieser beiden Geschöpfe. Und weil es
uns Spaß macht, wollen wir uns das erfinden:

Sitzen der Karl und die Liesl zusammen und denken sich
was aus. «Nana», sagt die Liesl, «so gut ist der nicht! Obwohl
sich inzwischen die ganze Welt geändert hat, macht der immer noch seine bayerische Maiandacht.»

«Aber fleißig is a», sagt Valentin, «ein Gstanzl nach dem
anderen läßt er raus, und d' Leut fliegen drauf wie wild.» Es
geht um den Weiß Ferdl, Valentins Konkurrenten, der im
Platzl am Hofbräuhaus auftritt, dem einzigen Theater in
München, wo der Valentin nicht landen würde.

«Provinzgstanzln», sagt die Liesl, «oberflächlicher Weiß-
wurstpatriotismus, sonst nix. Der psalmodiert dir alles, was
Balsam für die einfachen Gemüter ist, eine solche Heuchelei
is bei uns nicht am Platz.»

«Der hat Geld und Erfolg», sagt der Valentin, «dabei is a
wie wir, nur anders.»

«Du spinnst ja. Der haut nur 's Geld naus, des is alles.»

«I denk grad», sagt der Valentin und läßt seine Finger knacken, «ob ma ned ... woaßt, diese stimmungsvolle Gebirgsszenerie, wo der Weiß Ferdl den ‹Bettelbuam› gibt, wo a vom Felsen runterkraxelt, der dalkerte Bua, der Kuhhirt, den Peitschenstecken in der Hand ...»

Es gibt ihm keine Ruhe, er geht der Sache nach, nimmt Liesls Besen aus der Ecke und erklimmt das quietschende Bettgestell, jodelt aus dieser Höhe herab. Das Jodeln lädt die Liesl so nachdrücklich ein, und es stört sie jetzt nicht, daß das Papieredelweiß vom letzten Oktoberfest ganz dreckig und staubig geworden ist, sie nimmt's aus ihrer Kitschecke, wo sie ihre Trophäen aufstellt, hält es hoch und schmettert eine Weiß-Ferdl-Parodie seines «Lieds vom Edelweiß», und der Valentin nimmt das Stichwort und dreht's um, macht was damit; dann blickt er auf die Liesl, die stellt die Füße schon ganz erwartungsvoll, und das nächste Stichwort saust wie beim Stafettenlauf auf sie zu, und beide sind vom Vergnügen getragen und singen und tirilieren und parodieren in Saus und Braus. Und dann setzen sie sich zusammen, um aus dem Ansatz was herauszubekommen, und beginnen ein philosophisches Verwirrspiel über zaundürre Zitherspieler und blöd-schmucke Dirndl mit einem überlangstieligen Edelweiß in der Hand, weil sie den Geist, der beim Weiß Ferdl völlig abwesend war, sozusagen grade entdeckt haben, den Geist, der eine künstlerische Bewältigung ist, und bald ist der Boden mit einem Zettelwald bedeckt. Zwar sind die Figuren geblieben, aber sie sind Träger anderer Ideen, Assoziationen und Phantasien geworden und haben eine parodistische Weite und Ausgestaltung gewonnen, wie sie der betont nationale Weiß Ferdl niemals geben konnt und wollt.

In dieser Parodie kann der Valentin, von der Liesl unterstützt und beflügelt, erst in seiner vollen Entfaltung zeigen, was in dem Volksgut und was in ihm selber steckt. Ihr gemeinsames Substrat. Denn hinfort werden sie ihre ge-

gensätzlichen Talente zusammenwerfen – das parodistische Alpengesangsterzett «Alpenveilchen» wird, vorgetragen zusammen mit Karl Flemisch, ein durchschlagender Erfolg.

Auf dem Gipfel kann man nur bleiben, wenn man viel weiß. Man muß vieles beherrschen: sich mit Schnäpsen auskennen, wissen, was ein Allasch, ein Machol, ein Weinbeizen ist. Routiniert mit Lederzug-Beuteln hantieren. Tandlerkruscht kennen und wissen, wie ein Kommunionsanzug aussieht. Jodeln, Zungenschnalzen, Näseln, Ausländisch, Schuhplatteln, den Messingtrichter des Grammophons, Kastagnetten und den Kleinbahnlokomotivpfiff beherrschen. Verknotete Bündel Damenstrümpfe entwirren. Mit der Schweinsschwarte das Holzbrettel polieren. Sehen, wie eine Soubrette mit Silberzahn und Schielbrille den Mund aufmacht. Erprobt haben, wie ein Wiesenbesucher den Schnauzer am Bierhumpen abstreift. Klarinett-Ländler blasen und tanzen können. Die Unfähigkeit, mit Gegenständen aller Art fertig zu werden, bis zum Exzeß trainieren. Sich aufs Tapezieren und Schweineschlachten verstehn. Wissen, wie eine lauwarme Nudelsuppe und ein lederner Semmelknödel den Mund verziehen. Wieselhaft flink sein bei Bekanntschaften mit Milchfrauen, Kellnern, Pfarrern, Polizisten, Soldaten, Theatermeistern, Buchhaltern, Photographen, Radfahrern, Vereinsmeiern, Katzenfreunden, Rittern, Musikanten, Liebespaaren und Sonderlingen aller Art, um sie zu kopieren. In Orchestergräben ebenso zu Haus sein wie im Flugzeug, im Aquarium oder bei der Feuerwehr.

Gummigelenke haben, komische Knie, fette oder magere Hüften, Mann sein, Weib oder Androgyn, Kind oder Greis oder Ephebe, Flitscherl mit losem Maul. Zugreifen können. Jägerblick. Bewegliche Mundwinkel haben, wackelnde Ohren, sich versetzenden Hals. Tanz- und Springbeine haben, eine faltbare Stirn wie ein Akkordeon. Bogenschlagende Stimmen. Hakenschlagen auf der Geraden. Kraftakte gegen Deklassierung. Benennen können. Fragen. Gerüche kosten.

Karl Valentin als kühner Pilot mit Liesl Karlstadt, 1926.
«Immer wenn von dem Werk und der Arbeit Karl Valentins geschrieben
wird, bleibt eine Person, die als Pendant zu Valentin auf der Bühne essen-
tiell wichtig war, unterrepräsentiert: Liesl Karlstadt.» Klaus Pemsel.

Obligatorischer Lautengriff, dito Gesang. Zupfgeigenvalentin und Goldliesl auf dem Auerochsenfell.

Die Weltsprache der kleinen Leute. Aufs Maul geschaut. Montage. Und immer die gleichen Schwierigkeiten beim Spielen: Sie werden diesen Silberblick nicht los. Alles weist hartnäckig auf seine Entwurzelung, seine Einmaligkeit, seine Bedrohung hin, fordert genaueste Anteilnahme und verzweifelten Witz. Wortwälle, um den Feind abzuhalten. Wobei als Nebenprodukt immer eine Lebensweisheit mit abfällt.

Die Art, wie die beiden von nun an ihre vertrackten Gestalten lebendig werden lassen, hat etwas Groteskes, manchmal etwas Verzweifeltes, Lustiges und doch immer Bitterernstes, ist immer liebenswert und menschennah. Sie formulieren ihre Unerbittlichkeiten mit großer Treffsicherheit. Um auf das Wesentliche zu kommen, nehmen sie sich selbst, in all ihrer Eigentümlichkeit. Binnen kurzem stehen ihre beiden Namen für ihre Unverwechselbarkeit. So etwas hat München bislang nicht erlebt, sie reißen die Leut zu Begeisterungsstürmen hin. Der Karl und die Liesl zusammen bilden ein kleines Heer menschlicher Unzulänglichkeiten, auch und besonders, was die Sprache betrifft.

Der Valentin hat schon viele Gedanken um sich herum gedacht, die nur darauf warten, dargestellt zu werden. Er ist einer, der sich auf dem Weg zu sich selbst allein nur verirren kann: Er schlägt sich mit der Logik der Sprache herum und zimmert sich eckige Gedanken. Denn die meisten Worte sind durch Bedeutungen so aufgeladen, daß sich mit großer Hartnäckigkeit Verweigerungen bei ihm einstellen, deren er allein nicht Herr werden kann: Dazu braucht er den Widerpart, die Liesl. Bei einem Menschen wie dem Valentin vervielfältigt sich jede Schwierigkeit, weil er alles wörtlich nimmt. So gerät er immer tiefer und tiefer in die Bredouille hinein, tritt auf der Stelle mit Zeitlupengenauigkeit.

Die Sprache versagt, aber die Liesl nicht. Wo der Karl abhebt, haftet sie, wo er die Nase in den Wolken hat, hat sie die

Füß auf der Erde. Wo er die Worte dunkel macht, macht sie sie klar. Sie sucht Worte, die nicht abfallen, er sucht solche, die welken und verblühen. Er will die Dornen, sie will die Wurzeln. Sie will sie greifen, kosten, sehen, riechen, er will mit ihnen tüfteln, zimmern, zerstören. Und immer fordert sie ihn heraus durch ihre Fragen.

Michael Schulte nennt den Valentin in seiner Biographie einen «Chaplin des Wortes» und vergleicht manche Wortschöpfungen Valentins mit denen von James Joyce: die «Comtess Schwanzenbad-Hodenthaler» im «Ulysses» und Valentins «Karolina Dünndipfeldick und Herr Korbinias Nasenlöchler» oder «Mister Hamtnquempftn», der Tingeltangel-Kunstradfahrer, Joyce' Neuschöpfungen, wie «dull» und «telephone» zu «dullaphone» oder «syphilis» und «civilisation» zu «syphilisation» zu verschmelzen, während Valentin aus den Wörtern still und silentium «Stillentium», aus Wolkenband und Bruchband «Wolkenbruchbänder» entstehen läßt. Valentin freut sich «hundsgemein» statt ungemein, und bei ihm wird aus dem Sturmbannführer der «Strumpfbandführer», er bildet «lochterlih» und «schweitweifend», behauptet, auf einer «ausländischen Bananenschale» ausgerutscht zu sein, und jongliert sprachschöpferisch zwischen Hochdeutsch und Dialekt, sich hoffnungslos in Sprachfängen verirrend. Ein Paradestück seines dialektischen Umgangs mit Sprache ist der vielzitierte «Buchbinder Wanninger». Es sind die kleinsten Anlässe der Welt, die uns aufs äußerste verwirren, daß wir uns gar nicht mehr zurechtfinden, am End wissen wir nicht mal mehr, wie wir uns im gesellschaftlichen Labyrinth zurechtfinden können.

Doch was keiner der Damen und Herren Biographen schreibt, ist, daß der Valentin dies alles nicht ohne die Liesl zuwege bringt, und da sind bislang alle männlichen Autoren den verbrieften und also festgeschriebenen Minderwertigkeitsgefühlen der Liesl aufgesessen. Indem sie selber der Meinung anderer stets ausgeliefert war und «Selbstbild und

Fremdbild», so Gunna Wendt in ihrer Liesl-Karlstadt-Biographie, «weit auseinanderklaffen» – das soll's bei Frauen immer noch geben –, hat sie die Vorurteile genährt. Sie ist es, die auf frech-absurde, beharrlich naive Weise nicht nur als Darstellerin, sondern auch als provozierende und herausfordernde Stichwortgeberin den Valentin antreibt, so lang, bis er – und der Zuschauer mit ihm – hilflos dasteht, gründlich verwirrt. Da scheut das Paar vor keiner Kalauerei und Doppeldeutigkeit zurück, greift zu Limericks, damals populär in den sogenannten Klapphornversen, da fliegt ihnen der Nonsens nur so zu, kippt manchmal gar ins Blöde:

Unkenstein: Was, meine Tochter lebt? Ja, bin ich denn von Sinnen?

Heinrich: Nein, von Grünwald.

Vorbilder hatten sie für diese linguistischen Kunststücke nicht, und ihre Volksschulbildung reichte grade so aus. Bücher hatte der Valentin nie gelesen, dazugelernt hat er nicht, ist eher auf dem hohen Niveau stehengeblieben sein Leben lang. Sie haben einfach in der Au und in den Biergärten rumgesucht, ganz Ohr, darin haben sie Erfahrung. Sie kennen ihre Münchner und schaun ihnen aufs Maul, eine Art von entzündeter Inspiration, die sich am Nichts festmacht. Bis hin zur Lautdichtung, wie das «Chinesische Couplet», das die Liesl singt, zu absurden Elementen à la Ionesco oder Schwitters, den Dadaisten, und, nicht zu vergessen, Christian Morgenstern. Und weil der Valentin so ein genialer und boshafter Sprachartist ist, hat er nach dem Stummfilm, ähnlich wie der Bert Brecht, ganz früh auf den Tonfilm gesetzt. Hat bereits 1912 mit der Kopp-Film seinen ersten Film «Valentins Hochzeit» gedreht und 1913 kurzerhand sein eigenes Filmatelier gegründet, und das erzählt er so:

«Im Jahre 1913, als man in den ‹Kinomatographentheatern› Münchens, deren die Stadt ungefähr ein Dutzend zur Verfügung hatte, über blutige Dramen ‹Rotz und Wasser› heulte, ging ich in die städtische Sparkasse und holte mir einige Hunderter heraus, ging zu Zimmermeister Otto Geisser in die äussere Rosenheimerstrasse und bestellte ein hölzernes Podium, 6 Meter im Quadrat. Dieses Podium liess ich auf einer Wiese in der Martinstrasse auflegen, wir (wir bedeutet in diesem Falle mein ganzer Filmkonzern, bestehend aus mir, Frl. Karlstadt, Karl Flemisch, Otto Wenninger, Frau Therese Wach, Georg Rückert) setzten selbstgezimmerte und -bemalte Kulissen darauf, die wir selbst mit einem Handwagen aus der Stadt hinaustransportiert hatten. Eine ebenfalls vom Zimmermeister Geisser errichtete Holzhütte, Preis 200 Friedensmark, diente zum An- und Auskleiden der ‹Filmschauspieler›. Eine kurze Besprechung über den geplanten Film ‹Valentins Hochzeit›, und der Film begann nach 2 kurzen Proben.»

Doch die Liesl bringt dieser erste Film auf, wo der Valentin den Bräutigam gemacht hat, Georg Rückert die dicke Braut, von der der Widerwillige geheiratet wird, und sie, die Liesl, im wirklichen Leben seine Geliebte, das Dienstmädel, das im wirklichen Leben seine Frau ist. Eine Aufgabe, an der manch andere ebenso verzweifelt wäre, dabei zugleich ein philosophisches Verwirrspiel über seinen Umgang mit Frauen. Der Valentin, hierin Woody Allen verwandt, tummelt sich tollkühn in dieser Ehe- und Liebschaftskatastrophe, und die Liesl hätt sich nicht dafür hergegeben, wenn's nicht grad ein Film gwesen wär, ihr erster Film, Zelluloid für die Ewigkeit. Da konnte sie zudem Erkenntnisse gewinnen, die wesentlicher waren als das Honorar, das er lange nicht zahlt, denn er ist blank, hat sein ganzes Erspartes geopfert und verdient im Monat nicht mehr als 70 oder 75 Mark.

Doch «ausser zwei kleinen, 300 Meter langen Filmen, die wir schon im Jahre 1913 gespielt haben, hat sich bis 1927 niemand in ganz Deutschland herbeigelassen uns zum Film zu verwenden», schreibt Karl Valentin, der Filmpionier, der bereits vor Chaplin, dessen erster Film 1914 Premiere hatte, so nah dran war am neuen Medium. Ja, manche meinen, er hätte eine Weltkarriere machen können, weil er im Tonfilm im Gegensatz zum Chaplin was zum Sagen gehabt hätte. Das hat auch ein Züricher Kritiker so gesehen, als die beiden 1922 zum erstenmal dort spielten:

«Valentins Redeweise ist bayrisch. Seine wahre Sprache ist international. Es ist die Sprache Chaplins; aber um viele Grade verhaltener, tragikomischer oder komitragischer; stiller. Ebendarum ist sein Weg länger. Man sagt, er sei der Chaplin der Bühne und des Brettls. Eigentlich müßte es heißen: Chaplin ist der Valentin des Films. Womit nichts Endgültiges und kein Kriterium ausgesprochen, sondern lediglich festgestellt sei, daß Valentins Eigenart längst existierte, bevor Chaplin den Kontinent begeisterte.»

Einziges Zwischenkapitel: München

Schon vor seiner Geburt hat der Valentin gewußt, daß es nur München für ihn gibt, aber da konnt er's noch niemandem verkünden. Jetzt hat er a Sprach und kann sagen, was ihm stinkt. Täglich geht er durch die Straß und schimpft leis vor sich hin. Und je berühmter er wird, desto mehr macht's ihm Spaß zu zeigen, was hier alles im argen ist.

Ja, man kann sagen, daß der Valentin und die Liesl mit München leben, sie reden und singen von ihm ohne Unterlaß. Und was für Städte es auch sonst noch gibt, dem Valentin bleibt München sein ein und alles. Nur ungern geht er in die Fremde und nie, ohne sein Votivbild mit den Frauen-Türmen mitzunehmen, das er aufs Nachtkastl stellt.

In der Presse heißt das dann «lokale Gebundenheit», da ist er «Volk». Sprachlich versteht sich das sozusagen von selbst, denn Hochdeutsch redt man eh nur in Konzession. Dabei ist Münchnersein sicher eine schwierige Rolle infolge notorischer Denkfaulheit. Da kann schon sein, wie es 1928 dann in den Münchner Neuesten Nachrichten verbreitet werden wird, daß nicht nur die Niederbayern, sondern auch die Münchner Hinterwäldler die Kommunisten wählen, weil sie die «Kommunion» so dran fasziniert.

Der Valentin fühlt sich ruhig, solang er weiß, daß er wo lebt, wo er anecken kann. Kaum ist ihm ein Wort entkommen, passiert schon das nächste, man möcht nicht glauben, wieviel Widersinn aus der Sprach zu holen ist, bis ihm das Wort entgleitet und sich gegen ihn richtet, in absurder Folgerichtigkeit. Es gibt kein Detail, das er sich entgehen läßt, überall fördert er Schiefes und Zwielichtiges zutage und ist so der Aufdeckung mancher Lügen zuvorgekommen. Der Valentin und die Liesl sind sprachlich, menschlich und komödiantisch eine Prüfung für München, weil ihnen das Bier sauer geworden ist, ungemütlich dieser dumpfe Dunst der behaglichen bayerischen Menschheit, von katholischer Erziehung geprägt. Da blicken sie voll durch, durch diesen Zigarren- und Bierdimpfldunst. Gegen den nützen nämlich in München auch keine Revolutionen. Denn als Ernst Toller im Bayerischen Polizeiblatt gesucht wird – «schließt beim Nachdenken die Augen» steht im Steckbrief –, sperren die Münchner auf der Straß die Augen auf, ob sie einer schließt. Und als Kurt Eisner, der Schriftsteller und Führer der Unabhängigen Sozialdemokraten, auf dem Weg zum Landtag ermordet wird, hängen die Münchner zu Haus das Photo vom Grafen Arco-Valley, der ihn erschossen hat, neben das Bild des gefallenen Sohnes, das hat der Ödön von Horváth gesehen. Und selbst der Hitler hat sich später über den Dilettantismus der bayerischen Regierung lustig machen können, die ihn nach seinem Putschversuch und bewaffneten Marsch auf die Feldherrnhalle am 9. November 1923 nur pro forma auf die Festung Landsberg geschickt und wieder freigelassen hat, statt ihn zu liquidieren.

Der münchnerische Geist ist schon immer recht intolerant gewesen, und wenn sich anderswo in Deutschland intellektuell was rührt, überhaupts in der ganzen Welt, kann das den Münchner nur giften. Auch der Valentin hat was gegen den «modernen Krampf» in der Literatur oder in der Kunst, wenn er auch nie so weit geht wie der Oberbürgermeister Karl Scharnagl, der 1947 an der Zersetzung und Niederlage des Neuen nicht etwa den Verfolgern, sondern den Opfern die Schuld gegeben hat. Die Ordnung jedenfalls steht in München immer rechts, so ist es, und so wird's auch bleiben.

Soweit man zurückdenken kann, ist das im Valentin immer da: die unerläßliche Nähe Münchens und die Wut, mit der er es von sich stößt; die Sehnsucht danach und die verzweifelte Liebe. Innerlich kann's ihm nicht weit genug weg sein und äußerlich nicht nah genug. Da könnt's einen glatt zerreißen.

Soll man sich wundern? Wir kennen es selbst, unser ratloses Gschau, unseren hilflosen Himmelsblick, wenn uns jemand auf München anspricht. München gibt sich schwerelos und ganz offen, es strotzt vor Verheißungen und hält nichts ein. Es ist auf südliche Weise prunkhaft und flatterhaft, und es ist bierernst, katholisch und schwer. Es ist heuchlerisch und korrupt, und es hat die Unverblümtheit erfunden. Es bewegt sich in Rösselsprüngen, und es bleibt stehn, wo's war. Fragt ein Fremder nach einer Straß, sagt der Münchner: «Woher soll i denn des wissen.» Die Kunst ist, daß der Münchner nie was weiß. Es ist vorgekommen, daß einer eine Partei verlassen hat und nicht gewußt hat, daß er je drin gewesen war. Andere wieder haben gewählt und wußten nicht wen.

7. KAPITEL

Tingel-Tangel

Worin erzählt wird / wie der Valentin Karl und die Liesl /
sich auf dem Höhepunkt ihrer Karriere befinden / während
die Wilhelminische Epoche / in Krieg und Niederlage
mündet / Es ist das Jahr 1914 / Franz Ferdinand wird in
Sarajevo ermordet / und Deutschland erklärt Rußland
und Frankreich den Krieg / Niemand, der sich dagegen
erhebt / In Bayern endet das Zusammenspiel mit den
Sozialdemokraten / und in München feiert Wedekind
rauschhaft seinen 50. Geburtstag.

Der Valentin Karl hat sich immer nach der «guten alten Zeit» gesehnt und Ansichtskarten von früher und Kitschpostkarten des 19. Jahrhunderts gesammelt. «Das war noch eine goldene Zeit bis 1914 – dann is der Saustall losgegangen», so drückt er sich aus. Wie es überhaupt schwer ist, sich nicht nur in seine Stimmung bei Kriegsausbruch hineinzuversetzen.

Da schweben sie alle zwischen Patriotismus und romantischer Euphorie, als könnt der Krieg alle Probleme lösen. Die Bayern sind sowieso davon überzeugt, das Land sei schuldloses Opfer eines brutalen Überfalls, und die russische Mobilmachung versetzt sie in Rausch.

Dem schließt sich der Valentin nicht an, er kocht vielmehr mit Wasser. Kurt Horwitz, der einmal eine Aufführung des «Firmlings» besucht hatte, hat ihn gefragt: «Herr Valentin, wie machen Sie den Rausch?» Der Valentin soll die Frage erst gar nicht verstanden haben, und erst nachdem der Horwitz weiterbohrte, hat er kapiert: «Ach so», sagte er dann, «dees konn i Eahna sogn – i mach's mit Wasser!»

Eher möglich, daß sich Valentin in der «Hauptstadt für Scherz», wie sie Werner Ross in seinem München-Buch nennt, um so wohler fühlt, je mehr auch hier das Nationale die Oberhand gewinnt, denn er liebt sein München ja so.

Die Maler Kandinsky, Jawlenksy und Werefkin, die «Asylanten», sind wieder russische Staatsangehörige und verlassen München. Schriftsteller und Journalisten machen ihre Fleißaufgaben in Sachen Vaterland, und das Bürgertum bemüht seinen Geist immer weniger, es zerfällt in «Verdiener, Speichellecker, Apathische und Mißvergnügte», so Alfred Döblin.

Der Valentin denkt so richtig nach erst nach dem Zweiten Weltkrieg. Im Jahr 1914 ist er insofern keine Ausnahme: Die deutsche Nation zeigt einhellig eine geistige Verkümmerung. Offenbar ist der Valentin schon so ein geistiges Nationalheiligtum, daß er mit einer Einberufung gar nicht konfrontiert wird, wahrscheinlich ist es aber die Folge seiner gesundheitlichen Anfälligkeit. Auch gibt es damals keine einheitlichen Richtlinien.

Nach dem Kriegsausbruch gastieren sie im Frankfurter Hof mit Teilen der 1914 entstandenen ersten Version des berühmten «Tingel-Tangel», ein Jahr später übernimmt Valentin zusammen mit der Liesl die Leitung des Kabaretts Wien-München in der Sonnenstraße, wird gar Theaterdirektor.

Und im Jahr 1916 arbeiten sich die beiden durch sämtliche Münchner Kabaretts, unter anderem im Annenhof, im Serenissimus, im Hofbräuhaus-Festsaal, im Kammerbrettl, im Charivari, im Hotel Germania, bei Altmünchner Abenden im Mathäser-Festsaal, im Monachia-Brettl. In der Zeit zwischen 1914 und 1922 entstehen ihre berühmtesten Stücke, von «Tingel-Tangel», das in verschiedenen Fassungen und unter wechselnden Titeln, der bekannteste darunter «Die Orchesterprobe», aufgeführt wird, «Schauflüge im Theater» (später: «Sturzflüge im Zuschauerraum») 1915, «Die komische Kapelle», 1918, worin die Liesl zum erstenmal den Kapellmeister gibt, «Theater in der Vorstadt», «Oktoberfestschau», beide 1920, bis zu «Der Firmling» und «Das Christbaumbrettl», beide 1922.

Die schlechte Zeit hat ihre Vorteile: Die Menschen wollen getröstet werden, sie wollen lachen.

Der Valentin versteht sich gut aufs Engagieren und hat mit Partnern eine geschickte Hand, darin gleicht er dem Bert Brecht. Doch was für einen dicken Fisch er mit der Liesl an Land gezogen hat, das hätt er sich nie träumen lassen. Zwar sind ihre Auftritte lange Zeit materiell gesehen eine reine Niederlage gewesen, doch jetzt können sie Höchstgagen verlangen, und immer größer wird ihr gemeinsamer Erfolg. Die Leute halten sich schon nach zwei Minuten die Seiten vor Lachen, und nach fünf Minuten liegen sie auf dem Boden. Denn es gelingt den beiden aus dem Stand, Dialoge hervorzubringen, die improvisiert wirken, und niemand merkt, daß sie listig erarbeitet sind. Jeder für sich ist eine Nummer, und doch reagiert einer auf den anderen mit großer Leichtigkeit. Sie sind im bayerischen Geist miteinander verbunden, und die Verschiedenheit ist ihre größte Harmonie.

Sie ergeben ein verwirrendes Unsinnspaar, und der Valentin merkt, daß er die Liesl braucht, um sich an ihr zu reiben und zu entzünden: Sie ist, so Rudolf Bach in seinem Buch «Die Frau als Schauspielerin», sozusagen Sancho Pansa zum Don Quijote Karl Valentin.

Noch ein einziges Zwischenkapitel: Das Paar

Ein glanzvolles Beispiel ist «Der Theaterbesuch», der 1934 auch verfilmt worden ist. Mit boshafter Unerbittlichkeit wird hier die Tatsache, daß die Frau zwei Theaterkarten geschenkt bekommen hat, bis zum bitteren Ende ad absurdum geführt:

Karl Valentin und Liesl Karlstadt. Valentin als verhinderter Paganini in «Orchesterprobe», undatiert.

«Es ehrt Berlin, daß es so verständnisvoll mitzugehen weiß, und dieser Erfolg des bayrischsten aller Bayern beweist, wie sehr alle deutschen Stämme in Berlin heimatberechtigt sind. Nicht Hitler, Valentin hat seinen Marsch nach Berlin gewagt, und er hat vollkommen gesiegt!» Berliner Pressestimme, aus Liesl Karlstadts Bühnenalbum.

Der Mann: Gegessen ham ma auch noch nicht.

Die Frau: Das Essen ist fertig.

Der Mann: Ja, i werd scho fertig, kampelt bin ich gleich.

Die Frau: Das kannst hernach machen, jetzt eß ma zerst. (Sie geht ab. Der Mann nimmt einen Spiegel und stellt ihn auf den Tisch; der Spiegel fällt immer wieder um. Die Frau kommt mit Tellern und Besteck.) So, jetzt schau ma, daß wir weiterkommen. Ja gibt's denn des auch – stell 'n halt auf. (Der Spiegel bleibt stehen, aber nun verkehrt herum.)

Der Mann: Ich kann doch net soo neinschaun.

Die Frau: Dreh ihn halt um. (Der Mann dreht den Spiegel um, aber nun bleibt er wieder nicht stehen, sondern fällt immerzu um. Die Frau stellt ihn richtig hin. Der Mann kämmt sich.)

Die Frau: Jetzt möcht ich bloß wissen, was es da zu kämmen gibt – du kannst doch keinen Scheitel mehr machen, aus der Mordstrumm-Plattn.

Der Mann: Das bin ich noch so gewöhnt von früher her.

Die Frau: Wie nur der Mensch so eitel sein kann – für wen richtst dich denn gar so schön zsamm, mir gfallst, und wem andern brauchst net gfallen.

Der Mann: Vielleicht sitzt im Theater ein sauberes Madl neben mir.

Die Frau: Die wird dann grad dich anschaun, die schaut doch den Faust an!

Der Mann: Ich mein ja in der Pause.

Das Vorhaben des Theaterbesuchs zersplittert in immer absurdere Situationen, bis sich herausstellt, daß die Vorstellung erst am nächsten Tag ist.

Die Szenen bestechen durch ihre dialektische Skurrilität und doppelbödige Präzision. Mit der Liesl hat der Valentin die Möglichkeit, auch immer das Normale zum Absurden darzustellen. Sie überschätzt nicht, wie manchmal er, seinen

Kopf, sondern klopft dran, und manchmal haut sie ihm drauf, daß er aufschreien muß, und läßt ihn ganz leer zurück. Ja, ohne sie wär sein Kopf längst am Ende, durchgedreht und ver-rückt, sie holt raus, was in ihm steckt, und setzt noch eins drauf, weil sie eine Ahnung hat von seinem tatsächlichen Denken. Und, nicht zuletzt: Sie stutzt ihn dann, wenn er entgleist, nicht aufhören kann, wie ein Kind das Blödeln übertreibt bis zum Gehtnichtmehr. Da darf er dann seine stellvertretenden Verrenkungen vollführen, soviel er nur will. Sonst hätt er sich längst sprachlich verheddert und wär in seinen Spiralen verkommen. Die Liesl hat ihm sein Giggerlskelett neu vergoldet, ohne sie müßt er längst seine Knochen auflesen und einzeln numerieren ...

Ohne sie würd er nie dieses Gesamtkunstwerk.

Ohne die Liesl geht längst nix mehr, und ihre Arbeitsgemeinschaft bekommt ein Gesicht, hat ihre Ordnung, setzt sich fort. Doch als Paar haben sie immer mehr den Halt verloren, immer grinst bei ihren Sketchen und Szenen dahinter das Panoptikum des Paares schlechthin hervor. Das Mißtrauen vom Valentin ist immer die Regel gewesen, und naturgemäß ruft dies wiederum Mißtrauen hervor, und eifersüchtig ist die Liesl ohnedies, nicht anders als er. Vor allem, als sie mitbekommt, daß sie nicht die einzige Eingeweihte ist: Wenn der Valentin nachts eine Idee gehabt hat, die er auf einen alten Papierfetzen notiert, dann fragt er am Morgen gar seine Frau, die Wurzn, diese Ignorantin: «Hast a bißl Zeit – i hätt wieder was zum Vorlesen!» Wer weiß, was in diesen Menschen gefahren ist, daß ihm die Liesl nicht einmal dafür genug ist ... Stück für Stück beißt der von ihrem Leben ab ... Und immer endet's mit dem Satz, der für sie am allerschmerzlichsten ist.

«Denken S' Ihnen nur, wir haben gestern einen Zufall erlebt. Ich und der Anderl gehen gestern in der Kaufinger

Straße und reden grad so von einem Radfahrer – im selben Moment, wo wir von dem Radfahrer sprechen, kommt zufälligerweise grad einer daher.»

«Ja – weiter?»

«Was weiter?»

«Wo ist denn da der Zufall?»

«Ich sag, mir haben von einem Radfahrer gesprochen – und im selben Moment, wo mir von dem Radfahrer gredt habn, is grad einer daherkomma!»

«Ja – und was war dann mit dem Radfahrer? Was hat denn der getan?»

«Nichts! – Weitergfahrn is er.»

«Also, das ist doch kein Zufall mit dem Radfahrer da! – Des is überhaupt nix! – Gar nichts!»

«Sie ham halt a andre Weltanschauung.»

Von der Schwierigkeit, ein Schauspieler-Paar und geschlechtlich changierend zu sein. Zauberformel der Umwelt: Schauspieler!!! Wo hans'n? Hams' ned alle! Vertrödeln die Zeit! Kontrapost ihrer Körper. Der eine entspannt, der andere gespannt. Der eine dicht und hart, der andre amorph und zart. Der eine feminin weich, der andre ein Ausbund an muskelschwindender Männlichkeit. Kaum ist der eine greifbar, löst sich der andere auf, ist schon ein anderer. Der Knabe an seiner Seite ist eine Frau, die Frau an ihrer Seite ist der Mann. Beide sind sie ein Androgyn, ein schwebendes Zugleich. Valentins schmächtiger Brustkasten, seine hilflosen Ärmchen ausgestreckt in eine Welt zielgerichteter männlicher Aktivität. Liesls tollkühne Männerkraft, wenn sie ihn zur Schnecke macht. Seine Mädchenlippen, während sie siegreich den Dirigentenstab schwenkt.

Warum nur sind die beiden ein Paar? Diese Lust am kleinen Drama des Lebens, doch bei ihnen selbst verläßt sie der kühle Blick. Ständig damit befaßt, sich herzurichten, umzuziehen, zu verkleiden, zu posieren, sich anzuordnen: einzelgängerisch, selbstverliebt, auf den eigenen Raum bedacht. Ihr Sinn für Zurschaustellung und Masken und ihre Unruhe, Krankheit, Angst, wenn die Realität ihre Selbstsicherheit untergräbt.

Ein ambivalentes Doppel mit unvermittelten Stimmungsumschwüngen und Wechseln von Apathie zu Manie. Sie sind sich ähnlich und doch meilenweit voneinander entfernt, weil sie einander in die Schranken weisen: bis hierher und nicht weiter!

Ihre Gefährdung, gerade weil sie auf der Bühne unbegrenzte Freiheit genießen, fern von Geschlechter- und Rollenzwang. Ihre ungeheure Absturzangst und Verletzlichkeit. Ihr Hickhack, ihr ständiges Gegeneinander, ihr vergitterter Blick füreinander, dahinter Weihnachtssehnsucht. Ihre Umgangsrituale, ihre Repliken, festgefahren im jahrzehntelangen Gladiatorentum auf Kleinbühnen, der Sturz ins Leere. Diese ständig auf Komikkitzel berechneten Einfälle. Der Widerspruch: Sex ist komisch, aber das Komische ist steril. Komik bringt selten Sinnenkitzel, fördert vielmehr die Kumpanei. Die Körper nur noch Material, Stoff. Füreinander bleiben die Umrisse, die müssen erhalten bleiben. Je schärfer die Grenzlinie zwischen ihnen verläuft, desto präziser ihre Kunst. Sexualität verwischt die Spuren. Der vom Valentin ausgehende Wunsch nach vereinter Arbeit, getrenntem Leben, sein Dammbau gegen die Spannungslosigkeit, ist auch ein Arbeitstrick. Die Hosenrolle ist Liesl Karlstadts einziges Schlupfloch aus dieser Sackgasse.

So steht im Ursprung ihrer Kunst immer die Spannung, nicht die Ruhe. Immer weichen sie vom Normalen ab, um es einfangen zu können. In ihren Sketchen wimmelt es von Knoten, Brüchen, Verrenkungen, zusammengehalten allein durch ihre Willenskraft. Ein gigantisches Unternehmen, vermengt mit Valentins eigenwilliger Philosophie. Diese Sehnsucht nach der Überfülle weiblicher Symbole. Als wollte er damit seinen Verstand ersticken. Gleichzeitig aber fühlt er sich bedroht. Der weibliche Körper ist seine Wiege und seine Folterbank. Ein weiches Kissen kann ihm die Liebe nie sein.

Die Knochenarbeit ihrer Lebensakrobatik. Eigentlich haben sie nichts zu lachen, so anstrengend ist das. Und je bewußter ihnen wird, was sie tun und wer sie sind, desto leichter stürzen sie ab. Seltsame Parallelität: Ihre spielerische Unbefangenheit, ihre Zweisamkeit, ihre Körperlichkeit lösen sich in dem Maße auf, in dem die Gesellschaft sich selbst zerstört.

«Warum gem S' denn der Gisela was zum Lesen und ned mir?»

«Ja, aber ned, wenn S' ned da sind!»

«I war scho kumma, wenn S' mich gwollt hättn.»

«Das weiß i scho, nur wenn S' ned da sind ...»

«Ich mein nur –»

«Lassen S' mir mei Ruh, schreiben S' weiter.»

Der Valentin ist ein Tückensammler. Er verwahrt alles gut, und wenn er's dann rausläßt, klingt es gemein leis und sanft, und er redt so zeitlupenmäßig, als bereite ihm das infame Wortemachen Schwierigkeiten.

«Aber ich mein doch nur, wenn S' abgewartet und mir vorgelesen hätten ...»

Der Valentin reinigt sich mit dem Zeigefingernagel der Rechten den Daumennagel der Linken, so will er sie in Sicherheit wiegen. Der braucht nur Zeit, um sich wieder ein verkehrtes Bild zu machen.

«Also», sagt dann zum Abschied der Valentin, «also morgen les ich meiner Frau wieder vor. Dann redn wir wieda davon.»

Doch machen wir uns nix vor: Ohne Zweifel ist's für die Gisela nicht leichter, so einen Mann zu haben, den man nun mal nicht «haben» kann, als für die Liesl.

Die Beziehung zwischen den beiden Frauen war «ziemlich frostig», so hat es Theo Riegler in seinem «Liesl Karlstadt Buch» wohl ganz richtig bezeichnet, und die Gisela hat auf ihre Weise gegen das Verhältnis protestiert. So zum Beispiel, als sie die beiden einmal Arm in Arm über den Sendlinger Torplatz spazieren sah. Da hat die Gisela ihren Regenschirm gezückt und ist auf die beiden los. Und entsprechend seiner eher ängstlichen Lebensart hat sich der Valentin blitzschnell verdrückt. Alfons Schweiggert berichtet in seinem Buch über «Karl Valentin und die Frauen», laut Tochter Gisela hätt sich die Mutter daraufhin «Eheurlaub» für ein paar Monate genommen und als Köchin und Haushälterin ihr Geld verdient, erst dann sei sie wieder zurückgekehrt.

Jedenfalls ist und bleibt die Sache verfahren, und mit der Liebe zwischen dem Valentin und der Liesl geht's bergab. Die Liesl hat's nämlich jetzt allmählich gespannt, daß der Karl sich nie scheiden lassen wird, um mit ihr zu leben. Davon mal abgesehen, daß sie längst weiß, daß das nie gutgehen würd mit diesem Sehnsuchtskapper und Liebestöter.

Die Liesl ist's manchmal leid, und wenn sie so dasitzt, im Hinterzimmer im Frankfurter Hof, im Jahr 1914, in kurzen Hosen, Schnürstiefeln, mit schräg auf dem Kopf sitzenden Zylinder, dunkel gefärbter Nasenspitze, wird sie unter der Schminke weiß vor Wut. Wie er sagt: «Ich geh heim», zieht sie ihm das Glas Bier weg und brüllt los:

«I bin's leid! Alles siehst du verkehrt! Mi siehst verkehrt, alles verkehrst, alles verdrehst. I bin ned so. I hab Facetten!»

«Du bist aso und wirst imma so sein.»

«Mit Abstand ned. I bin ned dei Spiegelbild. I bin garantiert lebensecht, als I anerkannt und bekannt. I, d' Liesl Karlstadt.»

«Und wer hat di gmacht?»

Dem Valentin seine Stimme hat jetzt eine ungeheure Befriedigung. Nach einer Kunstpause brüllt die Liesl los:

«I bin ned dei Lehmbrockn, dei Rippn, dei Homunkulus,

dei Büchsen der Pandora, dei Kopfgeburt! I bi ned dei Experimentierfeld, daß d' an mir rummachst und rummäkelst, mich untersuchst mit Lupen und aufklappst mit Pinzetten, schaust, stichst und dann woanders aufs neue probierst! I bin a verwundbar! I tu mir a leid! I bin scho allüberall von deine Stich übersät, ein einziges Prokrustesbett! Willst du mir wirklich no die ganze Haut abziehn, ehst a Rua gibst? Du Sadist, du damischer, perverser Ritter, du!»

Es hat etwas Ergreifendes, fast Hoheitsvolles, sie sich in ihrer ganzen Preisgabe, deren Ausmaß für uns heute fast undenkbar ist, vorzustellen, diese Frau aus einfachsten Verhältnissen, die sich in die heiligen Bezirke der Kunst hinaufgewagt hat, mit dem beginnenden Kult um die Schauspielerpersönlichkeit. Ergreifend und wagemutig, was die beiden können und wie sie's tun, zwei Kleinbürgerkinder, ausgeliefert dem Künstlertum. Ein bis dahin nie dagewesenes Vertrauen auf ihre eigenen Geschöpfe, eine Liebe und ungeheure Schärfe des Blicks, ein Gespür. Und doch kann nie Thema werden, ob im Leben oder im Spiel, das, worum beide wissen, es aber nie erlangen: die Liebe.

Jetzt füttert sie der Valentin mit Rosenknospen und Herzen:

«Laß uns von vorn beginnen!»

«Wo is vorn?»

8. KAPITEL

Gegen den Strich

In Deutschland kommt's, wie es kommen muß / Der patriotische Rausch geht ab 1915 in Katzenjammer über / U-Boot-Krieg / und Deutschlands erster großer Gasangriff an der Westfront / Immer mehr Soldaten finden den Tod / Rosa Luxemburgs Antikriegszeitschrift «Die Internationale» wird beschlagnahmt / Einstein entwickelt seine Relativitätstheorie / Das Brot wird rationiert / Die Regierung richtet eine Reichskartoffelstelle ein / Erste Krawalle vor den Lebensmittelgeschäften / Der Valentin und die Liesl treten auch bei Wohltätigkeits-, Lazarett-, Kriegsfürsorge- und Heimkehrervorstellungen auf ...

Es ist ihre erste Vorstellung in einem Lazarett gewesen, vor Männern, denen allenthalben was fehlt. Jede Menge bunter Abende, Veranstaltungen zugunsten der Kriegsvorsorge, Vorstellungen vor Verwundeten, Erfahrungsbeladenen, Verzweifelten. Der Liesl tut der Anblick weh. Doch beide, der Valentin Karl wie die Liesl, haben bereitwillig immer das Ihre getan, um zu helfen. Einer hat ihnen zugeflüstert, daß unter den Verwundeten nicht nur Opfer des Krieges, sondern auch Arbeiter sind, auf die Sozialdemokraten geschossen haben.

Die Liesl sitzt breitbeinig da, noch in ihrem Kapellmeistersgewand und spielt mit dem Dirigentenstab. Ihre Perücke ist halblang und genialisch frisiert, der Busen unter der Weste mit der Uhrkette versteckt. Mit einem burschikosen Fingerschnippen ruft sie den Rekruten, der zu Kellnerdiensten abkommandiert worden ist: «Bitte der Herr?»

«Noch ein Bier!» Triumphierend blickt sie den Valentin an, und kaum ist der Junge aus dem Raum, sagt sie: «Der hat mich wirklich für einen Mann gehalten, was sagst! Und neulich, da hat sich die Köchin vom Wagner in mich verschaut, hat mich angeschmachtet wie verrückt, mir die schönsten Knödel gemacht ... Da is man dann der Herr Schauspieler hinten und vorn ...»

Der Valentin blickt seine Schöpfung mit einem gewissen Wohlgefallen an. Ob Lehrling oder Photograph, Kapellmeister, Geheimratssöhnchen, chinesischer Komiker, Feuerwerker oder Schusterbub: die Liesl trägt mit Geschick jedes Männergewand. Diese Stellung der Beine, breit im Schritt, wie sie die Ellbogen aufstützt und sich am falschen Bart kratzt – als lebte sie schon immer als Mann! Da ist sie einfach genial, dazu diese spöttischen Augen, um den Mund dieser besserwisserische Zug! Niemand weiß mehr, wo sich das Weibliche in ihr verkrochen hat. Selbst ihre Haut scheint sich vergröbert zu haben, und wie sie sauft! Die hat an Zug! Die kann dir doch alles liefern, ob Bürschchen, Don Juan, Langweiler, Lackaffe, männliches Schwein ... Es ist unglaublich. Manchmal durchfährt ihn die Gänsehaut: als könne ihm die Liesl das Mysterium des eigenen Geschlechts enthüllen. Dann fühlt er sich gar mit seinen Tricks durchschaut und ertappt. Irgendwie macht ihn das wirr. Mal sieht er die Liesl, das junge Ding, das auf Soubrette macht, fast noch ein Kind, dann wieder eine gescheite und resolute Frau, die zupackt und alles arrangiert, ihn verarztet, managt und pflegt, eine Frau mit der Sinnlichkeit und den Gefühlen einer reifen Frau. Und mit einem Mal ist sie ein faszinierender Mann, mit den Auswüchsen und Einbußen des Mannes und folglich sein Spiegelbild. Und der Valentin, dessen Sexualität struppig und stachlig ist, blickt irritiert in das bärtige, jedoch straffe Jungmännergesicht, seine Erfindung.

Die Liesl hat sich im Lauf der Jahre in die verschiedensten Männerrollen hineingelebt, mit genial grandioser Maske,

kunstfertig beherrscht, mit hoher Schauspielkunst und mit
viel Vergnügen. Gab den Stenz, die Daumen im Hosensack,
Hut im Gesicht, der routiniert mit den Fingern pfiff, den fre-
chen Strizzi und Frauenverzehrer, den Pikkolo, den Schu-
sterbuam, den Jockey, den Trompetenvirtuosen, den «Karre
mit der Zigarre» und den «Lucke von der Au». Hat, neben
der «Frau Magistratsfunktionärin Huber» oder der «Kreszen-
zia Hiagelgwimpft», eine stattliche Anzahl komischer Volks-
sängerrollen, darunter auch solche aus Valentins Solo-Reper-
toire, aus dem Effeff beherrscht, die damals sonst nur die
Männer spielten. Sie hat sich einfach den Schuh angezogen
und die Tradition auf den Kopf gestellt. Sie fand immer die
richtige Pose und ist als «chinesischer Komiker», den sie erstmals 1916 in Wien gegeben hat, berühmt geworden: gelb ge-
schminkt, Zopfperücke, chinesisches Kostüm, einen chinesi-
schen Schirm in der Hand, wie sie «onomatopoetisch» sang:
«Mantsche Mantsche Pantsche Hon kon Tsching Tschang...»

Sie hat die Schwelle nicht nur mit einem behosten Bein
übertreten, sondern mit zwei Beinen. Hat sich gar auf die
Zehenspitzen gestellt und in den Raum geschnuppert. Hat
schließlich jede Schicht der Vorsicht abgestreift und sich auf
das Neue eingelassen, mit Haut und Haar. Ein ziemlicher Be-
freiungsakt.

Doch die Entfernung von ihrer Herkunft ist für sie zu groß
geworden. Da geht manchmal ein Zerren und Ziehen los,
schwer zu ertragen. Die Liesl ist ein künstlerisch hoch veran-
lagter empfindsamer Mensch, zart im Einfühlen, doch
schwach im Gefühl für sich selbst. Es geht längst nicht mehr
um Strumpfbänder, Rosen am Mieder, Seidentücher und
Flittergewand, wie der Valentin meint. Sie trägt an etwas, das
ihr viel gibt und viel nimmt. Sosehr sie einerseits ihr neues
Leben mit all seinen Freiheiten und Möglichkeiten genießt –
sie kann sich nicht darin ausbreiten, kann es nicht mit
Genuß, ohne Schuldgefühle erleben. Mit Anerkennung und
Publikumsliebe geht sie nicht zärtlich um, gibt sie kaum für

sich aus, als müßt sie sich dafür bestrafen. Und so scheinbar nah, fast überströmend herzlich sie sich geben kann, so volkstümlich, so beherzt – da bleibt doch immer eine Distanz, die sie hält, bleibt immer ein Riß.

Da kann sie dem Valentin die Hand reichen, dem in seinem Leben nie genug widerfährt, um auf seine Kosten kommen zu können. Eine Liebe auf Spitz und Knopf, und wenn man's nebeneinander legt, liegt Viereckig neben Rund, Schere neben Papier.

Zu Hause angekommen, nimmt die Liesl den Rest der nur flüchtig entfernten Schminke mit dem Schneuztüchl ab. Sie blickt auf das Photo ihrer Eltern an ihrem Hochzeitstag. Das ist der Unterschied. Sie haben's schwer gehabt, schwerer als sie, die jetzt ganz gut verdient. Aber sie waren immer zusammen. Die Mutter ist schon 1909, im gleichen Jahr wie ihr 15jähriger Bruder, gestorben, der Vater fünf Jahre später. Bäckermeister aus Osterhofen, 25 Jahre lang hat er bei der Domkirche am Frauenplatz das Amt eines «Brotschießers» versehen. Und immer Arbeit und Not, die die Mutter, ein wahrer Engel, eine tatkräftige und gütige Frau, ohne einen Muckser ertragen hat.

Dann setzt sich die Liesl aufs Bett und liest zum hundertsten Male den Liebesbrief. Der Valentin hat ihn ihr am 16. August, im Kriegsjahr 1915, geschrieben:
«Die Dämmerung sinkt hernieder
Vom hohen Himmelsraum
Und hüllt die Erde wieder
Leis flüstert in ihr Schweigen
Ein Lied vom Himmelszelt
Du bist mein Glück, mein Eigen
Mein Himmel, meine Welt.»

Und so geht es weiter, noch zwei Strophen lang, all diese dummen goldnen Sterne und Blumenköpfchen und sternenklaren Höhn, «Dein Bildnis zauberschön».

Dergleichen kitschige Liebeszeugnisse sind uns auch in anderen Gedichten und in Briefen der Zeit erhalten, doch es berührt eigentümlich, daß ein Mensch mit so einem entlarvenden Blick wie der Valentin sich selbst auf so ein Geschmacksglatteis begeben kann. Er war ein Frauenverehrer, ein zärtlicher Abenteurer und ein richtiger Schwärmer, doch die Liesl durfte sich dergleichen offiziell nicht leisten. Wenn sie einen Flirt hatte, so hat sie immer versucht, dies vor dem Valentin zu verheimlichen, denn mit seiner Großzügigkeit war nicht zu rechnen. Die Männer hat es geradezu gereizt, wenn sie gesehen haben, daß hinter dem Mannsbild ein resches und charmantes Weibsbild steckt. Und als sie mit dem Kollegen Josef Rankl, der 1926 zur Valentin-Truppe stieß und der sie verehrt hat, spazierenging, hat der Valentin, heißt es, sie durch einen Detektiv überwachen lassen. Ihr späterer Verlobter, der 42jährige Chauffeur Josef Kolb, den sie mit fünfunddreißig Jahren kennenlernte, wollte sie nach sieben Jahren verlassen, weil er die Spannungen mit dem Valentin nicht ertrug. Als er dann 1936 gestorben ist, steckte die Liesl bereits in tiefsten Depressionen.

Die Liesl räumt den Brief mit dem Gedicht wieder in ihren Schrein, zerdrückt eine Träne und schlüpft aus dem Schlüpfer, den sie unter der Frackhose trägt.

Valentins Hypochondrie kennt keine Grenzen, und gut zehn Jahre hat die Liesl das mitgemacht. Dann sieht es so aus, als hätte sie sich privat immer mehr von ihm zu lösen versucht, doch gut ist ihr das nicht gelungen, dazu ist die Verflechtung viel zu intensiv. Die Liesl hat sich ins Hineindenken in den Valentin fast verloren. Ihr ganzes Mitgefühl, ihre enorme Begabung, ihre Improvisationsfähigkeit und Schlagfertigkeit, ihre Liebe und schöpferischen Fähigkeiten steckt sie in ihn hinein, diesen vor Hypochondrien fast wahnsinnigen Gefährten, der sie vergißt oder heruntermacht oder ihr auf die Hand tritt, wie in jener Szene mit der Souffleuse, der er sadistisch auf die Hand treten darf. Doch kennt sie inzwischen ihren Pappenheimer genau und arbeitet gegen seine Ängste an, mit ausgetüftelten Listen. Anfangs ist er bei ihr mit seinen Angstanfällen vor jeder Vorstellung durchgekommen. «I kann net! I kriag koa Luft!» soll er gejammert haben, und die Liesl hat vergeblich versucht, jahrelang, ihm diese Ängste auszureden und ihn zu beschwichtigen, ohne Erfolg. Je dringlicher sie argumentiert hat, desto mehr zittert und bangt der Valentin.

Inzwischen ist sie schlauer geworden und geht zum Schein auf ihn ein, so hat es Theo Riegler berichtet. Sie schauspielert Teilnahme und tut, als habe sie einen Moribunden vor sich.

«Wann's da net guat is, na is gscheida, du legst di ins Bett», sagt sie ruhig. «Da miaß ma die Vorstellung eben absagn, auch wenn's ausverkauft is! Hauptsach, du wirst wieda gsund!» Und später sagt sie vertrackt: «Aber anziehn und schminken könntst dich wenigstens für alle Fäll! No so, moan i – weils des gwohnt bist. Abgschminkt bist ja schnell!»

Schon komisch, daß er gar nicht merkt, daß er an der Nase herumgeführt wird! Vielleicht kann er sich gar nicht vorstellen, daß ihn die Liesl durchschaut. Andererseits sind diese Ängste für einen Hypochonder ja auch wirklich real und verflüchtigen sich in der Tat, wenn ihnen keine Widerrede entgegenkommt. Das gibt ihm oft in letzter Sekunde den Stoß, er wankt hinaus auf die Bühne, bereit für den «Gang zum Schafott». Ehe er vor die Leut tritt, kommt er noch einmal zurück und bittet die Liesl mit gefalteten Händen: «Liesi – laß mi fei net hängen! Sag mir ein!»

Immer sitzen sie irgendwo zusammen und überlegen, die Liesl das Papier vor sich, den Federhalter in der Hand.

«Nein, du, erst frag ich dich: Wo geht's denn zur Ludwigstraße? Und dann sagst du …»

«Na – da irrst du dich. Du sagst zu mir: Ich weiß den Weg nicht, und dann sag ich ...»

«Ich weiß schon, wart ...» Und die Liesl nimmt die Feder und schreibt:

«Du sagst: Erst müssen S' rechts gehen und dann links, immer gradeaus, dort, wo der Schmetterling fliegt ...»

So hat die beiden der Anton Kuh, Schriftsteller und Kritiker, 1928 in Berlin in einem Konzertcafé belauscht.

Zauberhafte Beobachtungen wie diese sind uns von manchem überliefert, und auch Lion Feuchtwanger hat sich in seinem Schlüsselroman «Erfolg» über die beiden ein – valentinfixiertes – Bild gemacht:

«Der Komiker Hierl spielte zunächst Geige, aber da der Kollege an der Pauke fehlte, hat er es übernommen, auch dessen Part zu vertreten. Das war schwierig. Das ganze Leben war schwierig. Es kamen einem harmlosen, friedfertigen Menschen überall Tücken dazwischen, hundsgemeine Ablenkungen, mit denen man sich herumschlagen mußte. Da rutschte zum Beispiel dem Kapellmeister die Krawatte, darauf mußte man ihn doch aufmerksam machen. Das war schwierig so mitten im Spielen. Man konnte zwar schnell und eifrig mit dem Geigenbogen auf die Krawatte deuten, doch das verstand der Kapellmeister nicht. Man mußte also aussetzen. Da kam das ganze Orchester in Unordnung; man mußte von vorn anfangen. Da rutschte wieder die Krawatte. Überhaupt war es hoffnungslos, sich zu verständigen. Alle einfachsten Dinge gerieten sogleich ins Problematische. Das Sprachliche reichte nicht. Dazu sollte man zwei Instrumente spielen. Die Hände reichten nicht, die Füße reichten nicht, die Zunge reichte nicht. Es war eine schwierige Welt. Man konnte nur traurig und beschäftigt darin sitzen und wohl auch etwas eigensinnig und verstockt. Denn man hatte seine eigenen, richtigen Gedanken. Aber die anderen begriffen sie nicht oder wollten nicht darauf eingehen.»

So ganz wird man wohl nie herausbekommen, was bei

ihren Szenen von wem stammt, so ist das nun mal bei Team-
arbeit. Mit der Zeit haben sie es sicher selber nicht mehr aus-
einanderhalten können – wie sollen es da andere tun? Übrig
geblieben ist jedenfalls – von den Stegreifkomödien sind
kaum Texte erhalten – ein Wust von Notizzetteln, auf denen
sie ihre Einfälle notiert haben, sprunghaft, hingeschmiert,
kleine Skizzen, flüchtige Notizen, vom Valentin wie von der
Liesl. Daraus bauen sie sich dann ihre Szenen. Und wenn die
Liesl durch die Straßen geht, stößt sie allerorten auf Ge-
schichten und Naturen, beobachten hat sie gelernt, neugierig
ist sie ohnedies. Einmal hat sie erzählt:

«In den Frühlingstagen des Inflationsjahres 1922 mußte
ich einmal in einem Zigarrenladen in der Reichbachstraße
ziemlich lange warten. Ich kam gerade dazu, wie der alte Inhaber des Lädchens einem Kunden eine endlose Geschichte
erzählte. Erst fand ich sie schrecklich langweilig, aber bald
wurde ich immer aufmerksamer, dann mußte ich schmunzeln und zu guter Letzt hell herauslachen, so urkomisch war,
was ich da zu hören bekam. Der Zigarrenhändler hatte einen
Firmling und wußte nicht, woher er einen Firmungsanzug
für ihn bekommen sollte. Zu einem neuen langte es nicht,
denn dazu war auch schon bei der Kommunion das Geld zu
knapp gewesen. Zufällig bekam der Erzähler von einem Ju-
gendfreund, der ihn noch daliegen hatte, einen Firmungsanzug von dessen Sohn angeboten. Und nun kam das Außer-
ordentliche: ‹Paßt hat er!› schrie der Firmpate ein über das
andere Mal, und er fing seine Geschichte immer wieder von
vorne an, um dieses triumphierende ‹Paßt hat er!› zum zweiten und zum dritten Male hinausschmettern zu können.
Zum Schluß liefen uns allen die Tränen über die Backen:
dem Erzähler vor Rührung über seine Geschichte, uns Zuhö-
rern aber vor Lachen. Das war etwas für Karl Valentin! Ich
rannte spornstreichs zu ihm. Er war sofort Feuer und
Flamme. Und tatsächlich gelang es uns am nächsten Tage allen beiden, das kleine Zigarrengeschäft wiederzufinden und

den Inhaber, der weder eine Ahnung von unserem Vorhaben hatte noch mich wiedererkannte, zu einer ebenso schönen Wiederholung seiner Geschichte vom Firmungsanzug zu bringen, wie er sie schon einmal für mich zelebriert hatte. Karl Valentin ließ es keine Ruhe, bis ein Stück daraus geworden war: unser ‹Firmling›. Die Geschichte von dem Firmungsanzug darin ist ganz echt, ein Stück Münchner Wirklichkeit; alles andere aber wurde hinzugedichtet.»

Liesl Karlstadt übernahm aber außerdem alle Arbeiten, die mit dem Theaterbetrieb zu tun hatten, so daß Valentin ungehindert seiner Geistesarbeit nachgehen konnte. Sie setzte seine Einfälle und ihre Einfälle in Szene, arbeitete mit den Schauspielern, kostümierte und schminkte sie und sprach mit ihnen ihre Auftritte durch. Und manchmal, wenn Valentin wieder einmal – er war genial im Aufspüren brauchbarer Talente – ihr ein dilettantisches Original überließ, kam es ihr zu, aus dem Fund ein nützliches Mitglied ihrer Truppe zu machen. Valentin: «I könnt des net, i wär viel zu nervös dazu!» So jedenfalls hat's die Liesl dem Theo Riegler erzählt.

Die Liesl aber kann das alles oder lernt es, kann bei den Proben Anregungen und Verbesserungsvorschläge geben. Da fügt er sich meist und muckt nie auf, hat früh an ihre Autorität geglaubt und daran, daß sie seine geheimsten Windungen und umständlichen Intentionen immer begreift. Sie wiederum hat immer mehr Einfühlung aufgenommen in ihrem Herzen, mehr Wissen in ihrem Kopf, um auf diese Weise immer gescheiter zu werden und seine Ängste vorauszuahnen, bevor sie überhaupt entstehen. Vielleicht kann sie auch die Wirkung mancher Szene auf sein Leben selbst absehen, sieht unmittelbare Zusammenhänge, mehr, als sie sich uns je erschließen. Denn der Valentin befindet sich innerhalb eines Netzes strenger Verbote, die er mit jeder Szene übertritt. Das Verbot, im Elternhaus inhaliert, die Kirche zu lästern, die Ehe, die Frau, die Kunst, die Moral, den Staat. Um wiedergutzumachen, wo er entgleist, übertritt, sündigt, muß er die Szene noch bizarrer erfinden, noch anstößiger, als sie je war, noch schwerer, als sie wiegt, noch mehr verzerren, bis sie als Karikatur durchgehen kann. Er ist einer, der sich allein da fürchterlich verirren kann, denn er nimmt jedesmal einen anderen Weg, derselbe ist ihm zu fad. Daß sie das vorausahnt und beispringt, ist Liesls Kapital und Empathie, ihre gemeinsame Stärke die Improvisation. Sie weiß genau, daß seine Zerfallenheit und Brüchigkeit sein Arbeitsmaterial sind.

Er wiederum klammert sich mit der Kraft des Unglücklichen an sie, der Angst hat unterzugehen. Wohin wär er ohne die Liesl geraten? Er wüßt seinen Ort nicht, er fände sich nicht mehr zurecht. Sie ist ihm Kompaß, Gedächtnis, Souffleuse des Lebenstextes und der Bühnendialoge, Kalender, Regisseurin, Geographie.

Der Schauspieler O. E. Hasse hat beobachtet, wie es die Liesl war, die Valentin mit «bewundernswertem, wahrhaft künstlerischem Geschick immer wieder zum Thema zurückführte, während er bei der Vorstellung abschweifte. Als sie ihn einmal auf meine Bitte hin einige Zeit gewähren ließ, konnte ich mit Staunen bemerken, wie er sofort aus der Handlung ausbrach.»

Nach und nach hat sie gar die Rolle einer Art Nervenärztin übernommen. Denn Valentin, selbstzerstörerischer, menschenzerstörender und weltzerstörender Charakter, der er ist, lebt mit fixen Ideen, und Liesl versteht es, geduldig und einfühlend damit umzugehen. Mit ihrem ausgeprägten Realitätssinn hat sie die verschiedensten Psychosen des geborenen Hypochonders zu bekämpfen versucht, als da waren: die «Erwartungspsychose», die Reiseangst und eine Form von Lampenfieber, die alles, was man je darüber gehört hat, in den Schatten stellt.

Er litt unter dem peinlichen Unbehagen einer ständigen Angst, ein Zustand, in dem alles auf ihn einfallen konnte, was nur möglich war, das Schrecklichste auf Erden. «Auf

Reisen», erzählte O. E. Hasse, «litt er ständig unter der Angst vor einem Eisenbahnunglück, und wenn er im Theater saß, hatte er das Gefühl, die Ränge könnten einstürzen und ihn unter sich begraben. So sagte er einmal zu mir: ‹Wann i in der Fruah die Augen aufschlag, muaß i immer zerscht die Unglücksfäll und die Todesanzeigen lesn!›» Er spielte mit allen nur erdenkbaren Krankheiten, trug allerhand Pillen mit sich herum und einen Inhalationsapparat, hinter dem er sich während eines Gesprächs oftmals verschanzte, indem er das obere Ende in seine Nasenlöcher steckte, wiederholt auf den Gummiball drückte und alles wieder in seine Tasche tat, so wie einer zwischen zwei Sätzen einen Zug aus der Zigarette tut.

All ihre Überredungskünste scheitern, wenn es um Reisen geht, und die Liesl, die gern unterwegs ist, muß sich manche Reise versagen, in ihre geliebten Berge kommt sie so gut wie nie. Reisen sind für ihn mit so viel Ängsten beladen, daß er das Wort nicht einmal aussprechen kann, ohne daß es größte Störungen in ihm hervorruft.

«In Berlin», so erzählt die Liesl, «hat er's einmal vor lauter Heimweh nimmer ausgehalten. Obwohl wir einen festen Vertrag hatten und der Erfolg groß war, hat er eines Tages ganz plötzlich die Koffer packt für die Heimreise. ‹Liesi›, hat er zu mir gsagt, ‹mir hat heut nacht traamt, die Frauentürm san eingstürzt, und mei Foxl kennt mi nimma. Gfehlt is, i muaß hoam!› Er blieb dann aber doch.»

Viel später, im Jahr 1932, als es die Liesl einmal wagt, nach Italien zu fahren, schenkt sie ihm ein Porträt, auf dem ironisch ihre Krankenschwesterdienste festgehalten sind: «Meinem komischen Partner & Patienten Karl Valentin in nie versagender Geduld gewidmet von Liesl Karlstadt, Beruf: Nervenärztin, Nebenbeschäftigung: Komikerin.»

9. KAPITEL

Bert Brecht und Karl Valentin

Bismarcks Staat bricht zusammen / abgelöst von einer
kläglichen Republik / Karl Liebknecht und Rosa Luxemburg
werden ermordet / Unruhe, Verwirrung und revolutionäre
Umstürze / Im Mai 1919 der Versailler Vertrag / In
München: der Torso einer Revolution / Am 7. November
1921 wird Eisner durch den Grafen Arco ermordet /
Dramatische Inflation / Der Boden ist bereitet / für den
«Architekturmaler» und Freiwilligen im Bayerischen
Regiment / Adolf Hitler / Die Liesl hat ihren Durchbruch /
läßt 1919 ihre erste Schallplatte aufnehmen / und wird
in der Lokalpresse gefeiert / Erste Gastspiele von Valentin
und Karlstadt im Ausland: 1922/23 in Zürich und Wien /
Uraufführung von «Das Christbaumbrettl» und «Der
Firmling» im Münchner Germania-Brettl / Die Filmgroteske
«Die Mysterien eines Frisiersalons» mit Bertolt Brecht
entsteht ...

«Hereinspaziert, hereinspaziert!» Die Liesl, in Frack, schwarzen Schuhen und ein wenig zu kurzen Hosen, den Zylinder
schräg auf dem Kopf, lädt das vorbeidefilierende Volk als Kapellmeister vor der Jahrmarktsbude ein. Sie trägt keinen Bart,
sondern ist ein glattrasierter junger Mann. Mitwirkende des
Orchesters: Karl Valentin als Blechbläser, eine Soubrette, ein
Paukenschläger und ein Holzbläser mit Schiebermütze. Ein
ungewöhnlich aussehender junger Bursche mit dunklen Augen, dichtem, struppigem schwarzem Haar, das sonst in Wir-
beln absteht und nur durch die Mütze zu bändigen ist. Ein

schmales Handtuch, dessen Anziehungskraft auf den Valentin ihr fast verdächtig erschiene, wäre nicht in seinen Augen dieser Wissensdurst und in seiner Miene diese gespannte Konzentration. Der Bursch schreibt Gedichte und Stücke, und was lernen will er, hat er gesagt.

Der Valentin läßt einen falschen Ton raus. Da kann er lernen, wie man was richtig falsch macht, denkt sich die Liesl. Das Falschspielen muß geübt sein. Das geht nicht ohne Genauigkeit. Auf Pointen kann man niemals vertrauen, ob im Wort oder in der Musik. So naturgemäß das Falschspielen eigentlich ist, es ist unbestreitbar, daß die Kunst des koordinierten Mißlingens einem noch mehr abverlangt. Man muß auf der Hut sein, sich nicht seinem Harmoniebedürfnis hinzugeben. Muß dagegen ankämpfen in widersinniger Systematik.

Dem Valentin fällt das leichter. Der sieht auch im Leben von der Harmonie immer nur das Gegenteil. Für die Liesl ist Linksrumdenken immer noch eine totale Selbstverleugnung. Sie hat es bitter lernen müssen, immer auf der Hut vor der Harmonie zu sein, sonst zieht sie immer den kürzeren.

Die Liesl wirft sich in Positur. Das Ganze ist nur gestellt für ein Photo, aber aus Spaß an der Freud spielen sie sich dabei eins. Und das Oktoberfest um sie herum, die vielen Leut, das ist nichts als Kulisse.

«Also, jetzt fang man an und probiern's amal – und wenn's nix is, dann hörn ma wieder auf!»

«Hörn ma glei auf!»

«Das tät Ihna passn! Obacht geben, jetzt fangen wir überhaupts erst richtig an!»

«Pause –?»

«Was Pause – wie kommen Sie denn jetzt auf Pause – wer hat denn jetzt ein Wort von einer Pause gesagt?»

«Haben Sie nicht grad Pause gesagt?»

«Ich? – Ich hab ja gar nicht dran gedacht, an eine Pause – Sie habn grad gesagt Pause –»

«Ich habs gsagt?»

«Jawohl, grad im Moment haben Sie's gsagt!»

«Drum, ich habs ja ghört!»

Der Bursche schnüffelt, Vergnügen in den Augen, und sie kann sehen, wie es in ihm arbeitet. Der ist immer begierig auf Vorschläge oder Einwände und geht sicher auf jede Veränderung zu, der betrachtet ohnedies alles als Fragment. Da ist der wie der Valentin, die beiden haben so ihren Konsens.

Sie hat es schon geahnt, als sie ihn das erste Mal gesehen hat. Es war eines Abends im Germania-Hotel, wo sie, wenn sich einer anmeldet, den Zerberus macht. Denn der Valentin hat Angst vor den Menschen, die er nicht kennt, und bewegt sich lieber unter Vertrauten, da weiß er, was er nicht hat.

Plötzlich war dieser Mensch vor ihr gestanden, hat wie ein Heruntergekommener ausgesehen, ein Landstreicher vielleicht, mit einer abgeschabten Jacke, zu enger, zu kurzer Hose, einer Kappe, unrasiert. Und wie sie es wagt, ihn genauer ins Auge zu fassen, öffnet er schon den Mund und spricht. Es überfallen sie ungewöhnliche Worte, dringlich, leise, und sie sieht, da sind noch viele Worte in ihm, gezielte, absichtsvolle Worte, und Fragen, die wie kleine harte Nüsse auf ihr Gesicht prallen.

«Da draußen ist wer, der mit dir reden möcht.» Sie hat sich ins Foyer gerettet, hinein zum Valentin. «Ein finsterer Bursch, aber kein Reporter ...» Da ist er schon drin, steht vor dem Valentin.

Der Valentin verpaßt jetzt an seiner Tuba gekonnt den Einsatz, zu Haus haben sie's ausgezählt. Dann donnert er los, im falschen Moment. Doch das nächste Mal hat er's beinah verschlafen, da tritt ihm der Bursch mit der Schiebermütze gekonnt auf den Fuß, und der Valentin bläst, blinzelt den Mann neben ihm dankbar an.

Der Bursch blickt unverändert nach vorn und weiß, daß er sich beim Falschspielen kein Wegschaun erlauben kann. Er hat damals nicht gleich gesagt, wer er ist, oder die Liesl hat's nicht verstanden. Der Mann heißt Bertolt Brecht und schreibt, und er lacht gern und gut, auch wenn man's nicht immer sieht. Der mag Valentins trockene Komik, mag die Singspielhallen, in denen man trinken und rauchen kann, und sagt, daß es ihn dann innerlich schüttelt von einem Gelächter, das nichts Gutartiges hat. Das hat er im Programmheft der Kammerspiele geschrieben, doch von der Liesl kein Wort.

Wieder schnüffelt der Brecht. Er bewundert dieses ausgefeilte System von der Unzulänglichkeit aller Dinge, mit einer ganzen Schar wartet dieser Tausendsassa Valentin auf. Dem fliegen alle Türen in Bayern auf, die Leut lachen und merken sich's doch, weil sie getroffen sind. Und lieben tun sie ihn auch noch dafür!

Für den Brecht ist der Valentin eine Nützlichkeit, von dem kann er lernen. Man könnte denken, es passiert alles von selber, ununterbrochen, aber der Brecht weiß, daß es nicht so ist. Jede Kleinigkeit ist aufgefangen, abgelauscht, hervorgeholt, wiederholt, erinnert, geprobt und inszeniert, in windschiefe Szenen umgesetzt. Für vertrackte Systeme, die das Volk dennoch versteht, hat der Valentin eine beneidenswerte Begabung. Und der Brecht, dem ein fürchterlicher Augsburger Dialekt eigen ist, seufzt sehnsüchtig: Wenn er selbscht nur so volkstümlich sein könnt, dieser Intellekt, des isch manchmal zum Verzage ...

Da hat's der Valentin besser, der ruht in seinem Münchner System, und im Grund ist es immer derselbe Schlag Mensch, der sich nur zum Schein in viele verkleidet. Dazu dieses beneidenswerte Medium, die Liesl, die sich der Valentin gut herangezogen hat, die schlüpft in jedes Gewand. Eine Schauspielerin müßt man haben.

Gar nicht einzusehen, denkt der Brecht, warum der Valentin nicht dem großen Charlie gleichgestellt werden sollte, mit dem er gar manches gemeinsam hat. Der Brecht tut den genau richtigen falschen Blaser und denkt seinen Gedanken

Bert Brecht als Klarinettenspieler in der Valentin-Szene «Oktoberfestschaubude», rechts Liesl Karlstadt, um 1922.
«Der Komiker Hierl spielte zunächst Geige, aber da der Kollege an der Pauke fehlte, hat er es übernommen, auch dessen Part zu vertreten. Das war schwierig. Das ganze Leben war schwierig. Es kamen einem harmlosen, friedfertigen Menschen überall Tücken dazwischen ...» Lion Feuchtwanger in seinem Roman «Erfolg».

zu Ende: ... es sei denn, man legte allzusehr Gewicht darauf, daß er ein Deutscher ist.

Der Brecht hat vielleicht seit 1918 oder 1919 Valentins Aufführungen in München regelmäßig besucht, doch wann genau sich die beiden kennengelernt haben, ist nicht auszumachen.

Sie treffen sich jedenfalls im Sommer 1922, als Brecht und Valentin zusammen in einem «Mitternachtstheater» zu sehen waren, von Brecht selbst unter dem Titel «Die rote Zibebe» arrangiert, und nach der Pause spielte Valentin sein «Christbaumbrettl». Die Mitternachtstheater waren einmalige Veranstaltungen, in denen das vorher gespielte Stück parodiert wurde, in diesem Fall die Uraufführung von «Trommeln in der Nacht».

«Ich vermute», schreibt Bernhard Reich in seinem Buch «Im Wettlauf der Zeit», «daß er sich das ein oder andere Stückchen so oft ansah, weil er Beobachtungen sammelte und die Dramen- und Schauspieltechnik dieses außerordentlichen Volkskomikers studierte. Brecht mußte da einen prinzipiellen Unterschied zwischen Valentinscher Darstellung und dem allgemein geübten schauspielerischen Gestalten aufgespürt haben.»

Sicher hat den Brecht die Valentinsche Präzision fasziniert, der, so Schulte, stets «ein distanziertes Verhältnis zu seinen Rollen hatte, er war nicht der Orchestermusiker, sondern er spielte ihn ...».

«Denn es handelt sich um die Trägheit der Materie», hat der Brecht auf dem Programmzettel geschrieben, «und um die feinsten Genüsse, die durchaus zu holen sind. Hier wird gezeigt die *Unzulänglichkeit aller Dinge*, einschließlich uns selber. Wenn dieser Mensch, eine der eindringlichsten geistigen Figuren der Zeit, den *Einfältigen* die Zusammenhänge zwischen Gelassenheit, Dummheit und *Lebensgenuß* leibhaftig vor Augen führt, lachen die Gäule und merken es tief innen.»

Wolln S' in den Kammerspielen Nachtvorstellungen spielen? hat der Brecht gefragt. Der ist im Auftrag von der Direktion gekommen, um ihn zu engagieren.

Natürlich hat Brecht auch sein eigenes Interesse im Kopf. Sein Stück «Trommeln in der Nacht» wird in den Kammerspielen gerade aufgeführt, und er probt seine Bearbeitung von Marlowes «King Edward II», eine aufwendige und langwierige Inszenierung, fürs Theater eine finanzielle Belastung. Da ist der Regisseur Rudolf Frank plötzlich aufgewacht. Es muß etwas in den Spielplan rein, hat er gesagt, das dem Theater Geld einbringt und ein ausverkauftes Haus. Und obwohl der Theaterleiter, Otto Falckenberg, mit der größten Unverschämtheit ihn, den Karl Valentin, dessen nicht für würdig hielt, hat Frank sich durchgesetzt. Und der Brecht mit seiner Überzeugungskraft, den haben sie dann für diese Aufgabe engagiert.

Der Valentin muß schmunzeln, wenn er an die Verhandlungen denkt. Er hat sich als Bescheidener und Bierlokalkabarettist ganz schön in Szene gesetzt, hat ihnen leberkäskauend bedeutet, daß er sich einer solchen Blamage nicht aussetzen will. Hat die Unverfrorenheit besessen, mampfend verstehen zu geben, er passe nicht in ein so feines Haus. Bis der Frank devot auf ihn zugekommen ist und auf ihn eingeredet hat mit Engelszungen. 50 Prozent der Einnahmen hat er versprochen und bis in die Nacht hinein alles zugesagt, was er nur will, er bräucht's nur zu sagen, und es stünd da.

Der Valentin wiederholt sein damaliges Spitzbubengrinsen und denkt, was er daraufhin gesagt hat: Einen Zentner Zement hat er verlangt. Schöne Szene, wie er dem Frank gegenübergesessen ist und die Aufführungsgier in seinem Gesicht gsehen hat. Der Frank hat sich nicht einmal ein Anstandszögern erlaubt, hat nicht gefragt, wozu, hat einfach genickt und ja gesagt.

Dem Valentin ist diese Erinnerung immer noch ein Genuß, und jedesmal, wenn er in die Kammerspiele geht, blickt er in den Hof auf den Sack Zement, der seit Ende September von den «Improvisationen von Bert Brecht und Karl Valentin: Die Rote Zibebe» dort allen im Wege steht. Ein schöner Dummkopf, dieser Frank, doch der Vertrag war perfekt, die Plakate klebten kurz darauf, und die Nachtvorstellungen waren ausverkauft. Dann hat er denen noch so wahnwitzige Leuchtreklamen herausgelockt, wirklich, es hat genügt, den kleinen Finger zu krümmen, schon haben s' alles für ihn gemacht.

Das Jahr 1922 in Saus und Braus. Endlich wissen's die Leut, daß niemand besser is als er! Er hat's natürlich schon früher gewußt, aber er konnt's denen nicht sagen. Jetzt nimmt er Rache und zeigt, wie infam man mit ihm umgegangen ist. Täglich durchfliegt er die Zeitungen und liest Lobhudeleien. Trotzdem gibt ihm das keine Ruhe. Da hat der Rezensent was Falsches gesagt, der dort kann nicht mal die Grammatik. Dort ist er, der Valentin, angeblich zur Schule gegangen, da soll er auch gewesen sein? Er überprüft alles, fühlt sich belästigt und falsch gesehen. Sein Ruhm hat Geduld und wartet. Und manchmal findet der Valentin, daß er stinkt.

Der Brecht, immer höflich, bringt Valentin und Liesl zur Straßenbahn. Denn der Valentin ist geizig und lehnt Geldausgeben empört ab. Das Beste ist, überhaupts nie was hergeben.

Zum Abschied zieht der Brecht eine Bitte aus der Tasche. Die Bitte bereitet dem Valentin Übelkeit. Ins Theater soll er, Brechts «Trommeln in der Nacht» anschaun. Der Brecht mag's, wenn man ihn erforscht.

Der Valentin versteht sehr wohl, was der von ihm will, aber erst mal schüttelt er den Kopf, nicht nur den Kopf, es schüttelt ihn, als Ganzes.

Das ist deine Erfolgsstrafe, denkt er jetzt, den Brecht anschaun. Mit ihm dann drüber reden. Ihm reinen Wein einschenken. Gered und Widerred. Andererseits. Verkehrt

wär's, völlig falsch, dem Mann, der was für dich tut, das ab-
zuschlagen.

«Ich komm», sagt er tapfer und wundert sich über die Ah-
nungslosigkeit des Fragers.

Zum Kulturbetrieb hat der Valentin gar kein Verhältnis, und
Theater macht ihm nur emotionelle Störungen, da läßt er's
lieber gleich, geht ins Kino und weint, was er braucht. Im
Dickicht der Metaphysik steckt er selber, und Weltanschauung braucht er ned, er will sehen, was ist, das ist ihm unheimlich genug. Abgesehen davon, daß ihn auch das eigene
Theaterspielen dermaßen echauffiert, daß er sich nachher
mit pyrotechnischem Spielzeug entladen muß. Beim Kra-
chen und Knallen ist er ein glücklicher Mensch. Wenn er mit
der Liesl nachts draußen auf die Wiese geht und Feuer-
werkskörper in Brand setzt, das ist ihm ein Traum. Wie ein
kleiner Junge führt er sich dann auf, tanzt und springt; ein
unartiges Kind hinter dem Rücken der Mutter, die's ihm verboten hat.

Er meidet das Licht der Bühne, wenn es ihm selber nicht
scheint. Nur einmal im Jahr zu Allerseelen geht er ins Theater, wenn Ernst Raupachs «Der Müller und sein Kind» im
Volkstheater zu sehen ist, dann atmet er auf. Für den Valentin ist dieses Volkstheater-Schicksalsdrama ein Hochgenuß,
rein wie das Licht der Sonne und keinesfalls vermaledeiter
Kitsch. Ein Stück voller Erhabenheit, armer Müllersbursch
und reiche Müllerstochter, die nicht zusammenkommen, die
Wasser sind viel zu tief, der Vater viel zu niederträchtig, es
endet mit Tod und Geisterspuk. Des zweiten hat der Valentin ein sentimentales Verhältnis zum Lied «Mei Muatterl war
a Weanerin», und er greift gern zum Taschentuch. Vielleicht
hat er manchmal die Angst, daß er gefühlsmäßig verdursten
muß, da ist er ganz Geistesmensch. Und seine schönsten
Stunden verbringt er mehr oder weniger bei der Liesl, be-

gleitet von diesem Lied. Da bläst die Liesl auf der Trompete, und er spielt dazu das Harmonium.

Nur zweimal hat der Valentin die Tradition, nicht ins Theater zu gehen, gebrochen. Einmal hat ihn die Liesl, die gern öfters gegangen wär, dazu überredet, und sie haben Hebbels «Maria Magdalena» gesehen, O. E. Hasse hatte sie dazu angeregt. Am nächsten Tag liest der Hasse in einem Brief vom Valentin: «Man möge das Stück ‹Der Müller und sein Kind› mit diesen großen Schauspielern aufführen, wie ich dieselben gestern abend in Friedrich Hebbels ‹Maria Magdalena› kennengelernt habe, dann wäre ‹Müller und sein Kind› kein Kitsch mehr, sondern das große Volksdrama, das es seit 120 Jahren gewesen ist.» Ob Kitschpostkarten oder Kitschtheater und -lieder: Hauptsache, daß es ihm Tränen entlockt. Fühlt er endlich dieses tröstliche Naß, dann weiß der Valentin, daß er so grausam nicht ist.

Drum geht er auch gern ins Kino und teilt dann gern mit Brecht dieses wundervolle Geschwätz über das ergreifende Ereignis, über die Sehnsucht der Leut nach der heilen Welt, über die Kraft der Volksstücke und die Wucht der Balladen. Und weil er jetzt dem Brecht den Gefallen tun will, betritt er bockend die Kammerspiele, um sein Versprechen einzulösen und zusammen mit der Liesl «Trommeln in der Nacht» anzusehn.

Aber dann, aber dann ... Es geschieht nix, die Leut sterben nicht, leben einfach weiter, da kann man auf nix den Finger legen ...

Später, im Malkasten – das hat der Kurt Horwitz dem Hans Mayer so erzählt –, in der Augustenstraße, wo immer diskutiert und getanzt wird, treffen der Karl und die Liesl auf den Brecht. Der Brecht fragt nicht, der Valentin schweigt, die Liesl lächelt unsicher. Um das peinvolle Schweigen zu brechen, bestellen die Leut rundum umständlich ihre Getränke und das bisserl Essen, das sie bezahlen können. Endlich sagt der Valentin: «Ja, wissen S', bei diesen modernen

Stücken, da müßt am Schluß der Vorstellung einer kommen, der die Leut am Arm packt und ihnen sagt: Sie – es ist Schluß!»

Später, im Jahr 1955 erst, als der Brecht «Bei Durchsicht meiner Stücke» schreibt, können wir lesen, daß das gesessen hat. Der Brecht hat so eine eigene Art, mit Kritik fertig zu werden: Er hört einfach zu. Und macht sich so seine Gedanken.

Nicht anders der Valentin.

Als der Brecht sich einen Kartoffelsalat bestellt, schaut er ihn an. Links ist er, hat ihm einer gesagt. Links, denkt der Valentin, links? Macht der alles links? Essen, trinken, schlafen, husten?

10. KAPITEL

Ruhm und Ehr

*In Deutschland gelten / die Gesetze des Überlebens / Es
herrscht eine aberwitzige Inflation / Ein Kohlrabi kostet
50 Millionen / und für eine Einpfennigmarke / gab's zuvor
eine Villa in Grünwald / Das Kleinbürgertum ist verarmt /
Dennoch: «Golden Twenties»: Man tanzt und will sich
amüsieren / ehe die Welt ganz in Scherben fällt / Viele
Selbständige werden zu Fürsorgeempfängern / Rathenau
wird 1922 von Antisemiten ermordet / Die Regierung setzt
sich zur Wehr / gegen eine Revolution von rechts und links /
Hitlers Putschversuch scheitert / er kommt kurzfristig
in Festungshaft / und schreibt «Mein Kampf» / Der Valentin
Karl und die Liesl / werden mit Liebe und Beifall
überschüttet / ihr Ruhm breitet sich aus.*

«Das Christbaumbrettl» und «Der Firmling» in der Nachtvorstellung in den Kammerspielen haben den beiden unbegrenzte Zustimmung gebracht, und die Kammerspiele,
damals noch in der Augustenstraße im Hinterhof gelegen,
wurden vorübergehend in eine «Valentinbühne» umgewan-
delt, so groß war der Erfolg. Das hat schließlich auch den
Brecht herausgerissen, der die Uraufführung vom «Leben
Eduards des Zweiten von England» um Monate überzieht.
Die Nachtvorstellung zusammen mit Brecht – Valentin gibt
den taubstummen Conférencier, Karlstadt die Lorelei,
Brecht den Klampfenbene und Joachim Ringelnatz den See-
mann Kuttel Daddeldu – mit «Die rote Zibebe» wird zur Le-
gende. Und die am 1. April 1924 in den Kammerspielen ur-

aufgeführte Komödie «Die Raubritter vor München» mit dem berühmten «Ententraum» wird neuerlich ein grandioser Erfolg: Valentin-Enthusiasten haben sich manche Stücke ein dutzendmal angesehen.

In den «Raubrittern» spielt Valentin den Wachsoldaten Bene, der, in Erwartung des Kampfes mit der von Ramersdorf (einem Vorort von München) heranrückenden Raubritterbande, zur Ziehharmonika «Morgenrot, Morgenrot» singt; die Liesl ist nicht mal Stichwortgeberin.

Der Kurt Horwitz hat beschrieben, wie es dann immer stiller wird. Es kommt die Stelle «Heute noch auf stolzen Rossen / Morgen durch die Brust geschossen / Übermorgen in das kühle –». Und grad hier läßt der Valentin seiner Ziehharmonika die Luft ausgehen.

«Es kam kein Ton mehr, sondern nur ein langgezogener Hauch aus Grabestiefen, ein Seufzer der Ewigkeit», schreibt Kurt Horwitz. «Dann erst kommt: ‹Gra—ab.›» Später erzählt Valentin alias Bene der Liesl, dem Trommlerbuben Michl, seinen Traum, aus dem Michl ihn geweckt hat:

Bene: Ja, ich hab jetzt grad einen Traum ghabt, einen ganz exotischen Traum. Mir hat nämlich träumt, i bin a Entn gwesen und bin in an Weiher umanand gschwommen, und wie ich so umanandaschwimm, seh ich am Rand draußen einen ganz langen, gelben Wurm, der war mindestens so gelb, i bin glei auf ihn hingschwommen, und grad wie i an Schnabel aufreißen will und will den Wurm fressn, im selben Moment hast du mich aufgweckt.

Michl: Das is aber schad. Wenn ich da eine Ahnung ghabt hätt, dann hätt ich dir den Wurm zuerst fressen lassen, aber das kann ich doch net schmecken, daß du um sechs Uhr noch träumst.

Bene: Ja, und ich kann doch net zu dir sagn: Weck mi net auf, weil i träum!

Michl: Nun ja, es ist ja gleich, ein schöner Traum war's doch net.

Bene: Ja, für a Entn scho –

Michl: Ja, für a Entn, aber du bist ja koa Entn!

Bene: Ja, aber im Traum war ich eine Entn; überhaupt, für solche Träume bist du noch z' jung.

Drei Gastspielreisen ins «Ausland» allein 1923/24: Wien, Zürich, Berlin, ein wahrer Schicksalsschlag, so viel reisen – und das bei einer Eisenbahnphobie, Autophobie, Geschwindigkeitsphobie, Phobiephobie insgesamt. Ein Glück, daß er immer die Liesl bei sich hat, die ist wenigstens Münchnerin. Trotzdem schaut der Valentin immer, daß er schnell fertig wird, ob in Zürich, Wien oder sechsmal Berlin, wo s' geradezu einen Narren an ihm gefressen haben, denn dafür, um dort zu sein, ist er nicht gekommen.

Das erste Berliner Gastspiel war im Oktober 1924 im Neuen Operettenhaus am Schiffbauerdamm, wobei die Presse auch monierte, daß Valentins Stück «Vorstadttheater» nicht abendfüllend sei. Dann wieder meldeten die Zeitungen abgesagte Vorstellungen, weil «Fräulein Karstadt» (sic) einen Autounfall erlitten habe und Valentin nicht allein habe auftreten wollen. Das zweite Mal gastierten sie im Januar/Februar 1928 in Berlin, eingeladen von Kurt Robitschek, der zusammen mit Paul Morgan das «Kabarett der Komiker» leitete. Das Gastspiel ist eine Sensation, die Kritiker überschlagen sich vor Lob. Ihr Honorar beträgt 350 Reichsmark für zwei Vorstellungen pro Tag, eine für dieses Kabarett ansehnliche Gage. Im gleichen Kabarett gastieren sie vom November 1929 bis Januar 1930, ihr Ruhm ist enorm, zweimal wird ihr Vertrag verlängert.

Doch nochmals zurück nach München.

1925 machen sie bei einer großen Revue im Münchner Deutschen Theater mit und bringen außerdem zwei Uraufführungen: «Der Bittsteller» – ein Stück von sozialem Charakter, Hauptpersonen: der Herr Geheimrat und der «kleine Mann», in der Münchner Bonbonniere, «Die beiden Elektrotechniker» im Cherubin-Palast. Im Mai 1926 wurde im

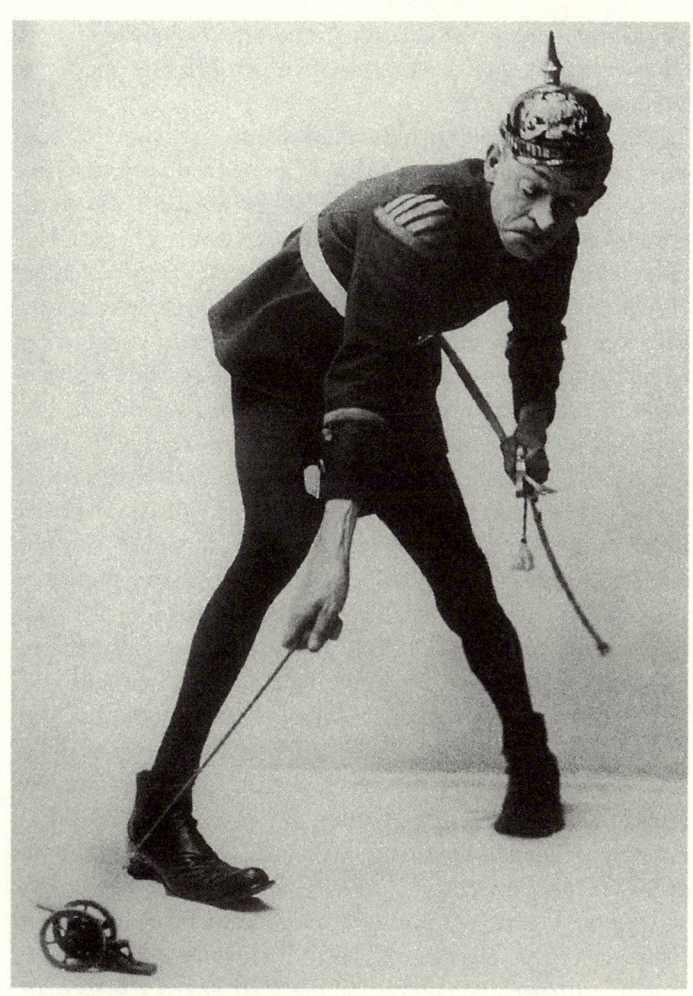

Militärparodie von Karl Valentin, undatiert.
«Wenn mir privat Ihr Humor schon viele frohe Minuten bereitet hat, so
habe ich jetzt Ihre Arbeiten einzuschalten in ein Programm, das nicht einzelnen Stämmen, sondern dem ganzen Volk Freude und Entspannung
bringen soll. Dabei sind strenge Richtlinien gezogen ... Aber das sind
Erwägungen, die Sie scheinbar ... nicht begreifen können. Heil Hitler!
I.A. Pfaff.» Der Reichsrundfunksender München in einem Brief.

Münchner Schauspielhaus die Komödie «Brillantfeuerwerk oder ein Sonntag in der Rosenau» aufgeführt, eine Nostalgie auf Alt-München.

Allmählich erhält auch die Liesl, die sich als «Rechercheurin» in Münchner Bierlokalen, Geschäften und auf der Straße umsieht, die die ganze Vorarbeit macht, vom Ideenentwickeln übers Improvisieren bis zum Notieren, gute Kritiken. Ein Zeitungsausschnitt bescheinigt, daß Valentins «Partnerin im 1. Bild auf der Höhe des Schauspielerischen» ist: «Was sich mit einem Kinderwagen, einem vorgeblichen Säugling und einem in tödliche Verwirrung geratenen Strickstrumpf dramatisch machen läßt, hier wird's gemacht, und es formt sich vor unseren Augen ein Juwel des Stegreifspiels ...» Und auch in Berlin hat man sie 1928 in der Presse immerhin bemerkt: «Sie ist nicht nur dem Valentin die beste Ergänzung, die man sich denken kann, instinktiv auf ihn eingestellt, prompte Stichwortgeberin, den Improvisationen gewachsen, (...) sie ist auch ein großes, selbständiges Schauspielertalent, eine bedeutende Künstlerin, der das Schwierige gelingt, in Hosenrollen durchaus glaubhaft zu sein.»

Dennoch, die Leut sehen nach wie vor hauptsächlich ihn. Der Valentin hat seinen Platz und könnt seiner ganz sicher sein. Den Platz haben andere gewärmt, die Narren an den Höfen, der Nestroy, der Chaplin. Soviel er auch nachdenkt, auf den Gedanken kommt er nicht: daß an ihm die Liesl das größere Geheimnis ist.

Und die Presse gibt ihm überwiegend recht. Selbst Alfred Polgar gelingt es, in seiner Kritik 1923 im Wiener Organ Der Tag zu schreiben, als ob er von der Existenz der Liesl Karlstadt gar keine Ahnung hätte:

«Seine Verlegenheit ist ein Stück Ur-Verlegenheit der Kreatur darüber, daß sie da ist. (...) Er hat den Galgenhumor eines zum schlimmen Leben Verurteilten, die Bosheit seiner Ohnmacht und das Glücksgefühl, froh und rebellisch denken zu dürfen – unantastbarer Besitz, auch derer, die gar nichts haben –, liegt als obstinater lichter Schimmer auf seinem Hunger-Leider-Gesicht.»

Dabei ist die Liesl Karlstadt in Hochform trotz ihrer Depressionen, und jede ihrer Verkleidungen zieht sie über wie eine zweite Haut. Verglichen mit ihr ist der Valentin Karl geradezu eindimensional, er bleibt, der er immer war, darin ist er jedoch ein Könner. Aber die Liesl hat ihre Wandlungsfähigkeit weiterentwickelt. Sie braucht nur die Bühne zu betreten, und man spürt ihre Präsenz, diese Beweglichkeit, dieses Ausagieren, diese verspielte und fast unheimlich fließende Identität. Sie ist ein Wesen, das sich offenbar nach Belieben ausdehnen und zusammenziehen, dick und dünn werden kann, kann schwungvoll-frech und ebenso renitent-spießig sein, kann weiblich sein, manchmal schön, gar mondän, dann wieder trägt sie überzeugend die Rüstung der Männlichkeit.

Doch dahinter fühlt sie, wie sie ausbrennt vor lauter Überbeweglichkeit, und niemals hält ihr inneres Leben diese äußere Vielfältigkeit ein. Ihr Changieren, ihre Zwitterhaftigkeit scheinen sie zu zerreißen. Sie fühlt sich zweideutig, erschöpft, mißbraucht.

Wenn der Valentin wenigstens mehr für sie, die er hartnäckig nach außen «das Fräulein» nennt, einträte! Aber bei ihm bleibt alles unbestimmt.

Zwei große Persönlichkeiten, die privat veröden. Sie will immer dringlicher weg von diesem Eigenbrötler, der sein Unglück braucht, weg von diesem ganzen Theater, hin zu ihren heiligen Bergen, wo das Unberührte ist, hin zu den schweigenden Steinen.

Doch der Valentin läßt sie nicht, weil er Angst hat, daß sie abstürzen könnte. Erst als er den Josef Rankl, eine kernige Urnatur, in sein Ensemble aufgenommen hat, fühlt sie sich ein wenig entlastet, und einmal fahren sie gar zu dritt, der Karl, die Liesl und der Josef, an den Wörthersee. Es ist ein schöner heißer Sommertag, die Liesl zieht ihr Badekostüm an, geht ins Wasser und schwimmt hinaus, verfolgt vom wasserscheuen Blick Valentins, rachitisch in seiner Badehose am Ufer hockend, lang und käsbleich. Als die Liesl nur noch ein kleiner Punkt im See ist, sagt der Valentin, der nicht schwimmen kann, zum Rankl: «Wissen S', Rankl – am liebsten tat i mi dertränken, aber da miaßat i ja so weit nausgeh, bis i koan Boden mehr unter die Fiaß hätt!»

So jedenfalls hat's der Rankl dem Theo Riegler seinerzeit erzählt, und daß die Angst, die der Valentin hat ausstehn müssen, noch lang nachgewirkt hat, so daß er in dieser Nacht keinen Schlaf gefunden hat. Er rauchte eine Zigarette nach der anderen, von Rauchkerzen umgeben, die gegen sein Asthma gut sein sollten. Denn der Valentin kann Berge nicht sehn, und die Bergluft macht ihn allemal krank.

Den Kuchen behalten und aufessen: So macht's der Valentin mit der Liesl. Drum traut er ihr auch nicht, wenn's um Mannsbilder geht. Wenn die Liesl mit dem Rankl zusammen ist, der ein richtiger bayrischer Draufgänger und Bonvivant ist, drückt sich der Valentin unbemerkt in die Ecken, hört, was es zu hören gibt, schaut, was es zu sehen gibt. Nichts vergißt er, sieht jedes Wimpernflattern, und als der Rankl mal im Apollo beim Tanzen der Liesl ein Busserl gibt, taucht mit energischer Geste ein von Valentin hinbeorderter Schauspieler auf, um den Rankl abzulösen. Ja, das Kommunizieren mit dem Rankl ist zeitlebens so gestört, daß die Liesl sicherheitshalber mit ihm mit heimlichen Zetteln korrespondiert.

Was ihm einmal gehört, das läßt der nicht wieder aus, daran ist nicht zu rütteln. Die Liesl wird schon bald vierzig und würd am liebsten weinen, wenn sie eine Schwangere sieht. Was wird ihr bleiben? Hat sie überhaupt was? An Dreck und a Photographie, Ruhm und Ehr ned amal und kan Mann. Geht ihr die Kraft nicht aus? Ist sie unerschöpflich?

Wenn er sie einmal verliert, wird er Augen machen.

11. KAPITEL

Valentin und der Film

*Hitler hat 1933 die Macht ergriffen / und wird als Chef des
deutschen Films und der Filmschaffenden apostrophiert /
läßt sich jeden Abend einen Spielfilm vorführen / und
hetzt mit Goebbels gegen die «Sumpfkultur» der Weimarer
Republik / Juden und Gegner des Regimes / verlassen
Deutschland / eine «Reinigungsbewegung» soll den Film
von «korrupten Elementen» befreien / Das neue
«Lichtspielgesetz» und die Zensur / propagieren einen
«gesunden» und «würdigen» neuen deutschen Menschen /
Hitler legt Hand an München / Regierungsbauten und
Kunsttempel erstehen / und der Valentin fängt an / sich
zurückzuziehen ...*

Der Valentin und der Brecht haben einen gemeinsamen
Glauben an den Film als Zukunftsmedium, und manchmal
konnte man sie im Luitpold-Kino oder im Filmpalast sehen.
Es mußte nicht immer ein neuer Film sein, es zieht sie auch
zu Stummfilmen, sie haben alles gesehen. Da sitzen sie dann
im Dunkel, entspannt und gelöst, denn das ist keine Zeitver-
schwendung. So bilden sie sich ihre Ansichten, die sie dann
später im Malkasten diskutieren, gar im gemeinsamen, in einem Speicher in der Tengstraße gedrehten kleinen Meister-
werk, den «Mysterien eines Frisiersalons», realisieren. Der
Brecht, das schätzt der Valentin so an ihm, hat eine kind-
hafte Art des Fragens, der Valentin selbst eine lange Lehre
darin, da treffen sich nun zwei Meister. Und wenn sie voneinander scheiden, ohne zu wissen, worauf sie diesmal ge-

kommen sind – wie auch immer, es waren nützliche Lektionen. Die Ergebnisse sind dann jedem sein Eigentum, und in der Tat hat der Valentin Karl den Brecht bei dessen «Kleinbürgerhochzeit» auch gründlich inspiriert.

Wirklich bedauerlich, daß damals gerade die Herrschenden erkannt haben, daß es sich per Leinwand bedeutend effektiver gängeln, manipulieren und diffamieren läßt, sonst wär bei den beiden nicht so viel schiefgelaufen. Denn der Valentin hat die Zeichen der Zeit schon früh erkannt. Schon 1912 hat er besagten Film «Valentins Hochzeit» gedreht, der der Liesl so stinkt, weil sie das Dienstmädel spielt, und das Jahr drauf gleich das Ganze noch mal: Tücke des Objekts, das Zelluloid war falsch belichtet. So hat der Valentin von Anfang an Erfahrung mit Niederlagen und die Liesl, Drehbuchautorin, Rechercheurin, Akteurin, mit ihm. In München gibt's Kinos immerhin seit 1904, für Volkssängerkabaretts und Varietés, Singspielhallen, in denen der Valentin auftrat, eine ziemliche Konkurrenz, und selbst in der Provinz faßte dieses «Gespenst mit viel Gefahren» zu – so der Valentin zwei Jahrzehnte später in einem Couplet «Geht zu den Volkssängern!» – und «streckte seine knochige Hand / ganz grausam übern Sängerstand».

Der Film läßt ihm keine Ruh, der Valentin nimmt ihn ernst, er wird's dieser neuen Konkurrenz schon zeigen! Vom ersten Augenblick der Entdeckung an verfolgt er jede filmische Regung mit Neugier. Ihn fasziniert die Verbreitung und die Konservierungsmöglichkeit des Films, ideal, um ihn als Volkssänger, Komiker und Clown auf Zelluloid zu bannen. Ein deutscher Chaplin könnt aus ihm werden, den Nobelpreis hätt er kriegen können, wie heut Dario Fo, wenn er ein bisserl herausgekommen wär aus seiner bayerischen Enge. Und während im Stumm- und Tonfilm die fliegenden Torten kommen und gehen, die Eier anstatt von Einfällen auf die Akteure nur so zufliegen, stehen ihm die kleinen Verwirrungen des Alltags in Saus und Braus zur Verfügung. Quasi am

Nichts allein ist es seinen Darstellern gestattet, ihre Komik zu entzünden.

Der Valentin hat mit dem Film nicht als Textverfasser, sondern als Tüftler und Bastler begonnen. Was er nicht weiß, holt er sich von den Technikern und improvisiert in seiner Freizeit damit mit Freude.

Beim Valentin herrscht unbedingte Langsamkeit, wird die naturgemäße Dynamik des Films ad absurdum geführt. Er legt Zeit nebeneinander, aufeinander, zerlegt sie, und wenn man mal glaubt, man könne den Finger drauflegen, ist der Sinn fort.

Es sind zahlreiche Kurzfilme entstanden, darunter die Oktoberfest-Schau (1923) und multimediale Inszenierungen wie die Tonfilm-Imitation «In der Schreinerwerkstätte» (1928/29), «Valentins humoristische Wochenschau» (1929, verschollen); Porträtaufnahmen, Medienexperimente, verfilmte Theaterstücke und Langfilme, Tonfilme.

Es bedarf vieler Enttäuschungen, ehe der Valentin erkennt, daß er beim deutschen Film nicht auf seine Kosten kommt. Da hat er aber immerhin schon drei Filme gedreht, die zur Filmgeschichte gehören, die «Mysterien eines Frisiersalons», zusammen mit Brecht, «Die Erbschaft» und seinen letzten, unter Walter Jerven gedrehten Stummfilm «Der Sonderling», der nach seiner Premiere 1929 jahrelang in kleinen Kinos lief und für den die beiden Hauptdarsteller immerhin eine Gage von 2500 Reichsmark erhielten.

Insgesamt aber ist ihm die Filmarbeit eher ein Ärgernis. Der Valentin weiß nämlich besser als jeder Regisseur, wie man mit dem Zollstock, seinem unentbehrlichen Requisit, mißt und kontrolliert, wie man ihn am besten verbiegt, verwinkelt oder zusammenklappen läßt. Ständig trägt er ihn mit sich herum und führt doch Chaos mit sich, weil es im Leben nix Meßbares gibt. Wenn man nur auf ihn hören würd!

So hat sich mancher Regisseur arglos dem Valentin

Szenenbild aus dem Film «Straßenmusik» von Hans Deppe, 1936:
Karl Valentin und Liesl Karlstadt.

genähert und wurde alsbald von dessen bissigem Widerstand erfaßt. Der Valentin hat immer seine eigenen Maßstäbe. Die wechseln, je nach Gelegenheit.

Dann kommt der Tonfilm, der während der Produktion vom «Sonderling» erfunden worden ist, und ein paar Bühnenszenen Valentins wie die «Orchesterprobe» oder der «Theaterbesuch» werden schlichtweg abgefilmt. 1932 werden der Valentin und die Liesl von Max Ophüls für seinen Film «Die verkaufte Braut» als Zirkusehepaar verpflichtet, und Ophüls hält fest: «Einer der großen Volksschauspieler, Karl Valentin, der zu Bayern gehört wie Bier, Rettich und Brezeln, spielte eine große Rolle. ‹I mag net›, sagte er, als ich mit ihm in Verhandlungen eintrat (...) ‹Und allein sagn kann i's aa net, da bleib i steckn. Das Fräulein muß es mir sagn.› Das Fräulein war eine dicke Mamsell ... Das Fräulein hat er sehr geliebt, aber er war immer grob zu ihr und hat kaum mit ihr gesprochen.»

1936 wurde dann, zusammen mit dem Brecht-Regisseur Jacob Geis, der Film «Die Erbschaft» gedreht und sogleich von den Nazis wegen «Elendstendenzen» verboten. Erst vierzig Jahre später wurde der Film uraufgeführt.

Laut Propaganda des 3. Reiches war der Film dazu da, das Selbstbewußtsein der Nation zu stärken, und wurde deshalb seit der Gründung der Reichsfilmkammer 1933 voll unter die Knute des Staates gebracht. Alle Filmtätigen waren in der Reichsfilmkammer erfaßt, jede Unternehmensgründung und Filmarbeit wurde geregelt und kontrolliert.

Ab Frühjahr 1933 haben der Valentin und die Liesl Karlstadt jeden Monat Filmaufnahmen, drehen sogar einen Werbefilm für Austria-Tabak. Liesl Karlstadt betätigt sich auch in anderen Filmen unter anderen Regisseuren. Dennoch ist der Valentin, den seine eigene Filmproduktion beinahe finanziell ruiniert, stets ein filmischer Außenseiter geblieben, und aus seinem Traumprojekt, einem abendfüllenden Spielfilm, ist nichts geworden.

Das Jahr 1934 bringt nix wie Ärger. Da fühlen sich die Münchner von einem Szenenbild aus dem «Firmling», das in der Sendlinger Straß in einem Schaukasten ausgestellt ist, vom «blöden Gschau» des Firmlings in ihrem religiösen Gefühl verletzt. Laut Bühnenalbum Liesl Karlstadts hat der Valentin es einem Journalisten folgendermaßen erzählt:

«Der Photograph Hilbinger hat mich und Liesl Karlstadt vor Jahren als Firmling und Firmpate aufgenommen und das Bild in der Stadt ausgestellt. Vor vier Jahren schon hat irgendwer an dem Bild Ärgernis genommen und wollte, daß es entfernt wird. Aber nix is geschehn. Plötzlich, vor ein paar Tagen, kommt einer daher und verlangt, mir sollten das Bild raustun, weil an der Darstellung des Firmlings Anstoß genommen wurde. Ich hab gefragt: Wieso? Und da sagt man, der Firmling machte so blöde Augen, und das wäre eine Verhöhnung, und das Bild müßte weg. Der Photograph Hilbinger hat das Bild dann aus seinem Schaukasten rausgenommen, weil die Polizei bei ihm angerufen hat und ihm nahegelegt hat, das Bild zu entfernen, da Beschwerden eingelaufen sind. Jetzt ist es heraußen, aber ich laß mir das nicht gefallen. Weil es nix wie Schikane ist, genauso wie die Feuerpolizei keine Ruhe gibt und immer wieder Schwierigkeiten macht. Auf unsere Stall-Laterne auf der Bühne paßt der Brandinspektor auf, und hinter seinem Rücken brennt der Glaspalast ab. So ist es. Aber jetzt ham mer's satt: Im September gehen wir nach Berlin. Ja, München sieht uns nicht mehr!»

Der Film wird zensiert. Die Polizei weiß, was sie der erzkatholischen Stadt schuldig ist und entfernt das Bild. Der Schriftsteller und Kunstkritiker Wilhelm Hausenstein beruhigt den Valentin in einem Artikel, in dem er den «Firmling» als Satire verteidigt: «Diese Satire ist, wenn man sie überhaupt mit dem Wort Satire bezeichnen darf, in keiner Weise frivol; sie ist vielmehr von jener unergründlichen Traurigkeit, ja Schwermut umwittert, die überall in der Geschichte genialer Komik das letzte Geheimnis ist.» Der Valentin bleibt, im Herzen einen Stachel.

Die Liesl hinwieder, für die das Wort Zukunft die Gestalt eines alten, einsamen Weiberls, das ihr ähnlich sieht, angenommen hat, seit der Valentin sich 1931 der mehr als jungen, nämlich 14jährigen Schauspielerin Annemarie Fischer zugeneigt hat, bemüht sich geradezu verbissen um ihre Eigenständigkeit. 1930 hat sie Sprech- und Schauspielunterricht genommen, und noch im gleichen Jahr übernimmt sie an Stelle von Therese Giehse eine Rolle in Bruno Franks «Sturm im Wasserglas», mit großem Erfolg.

Endlich einmal jubeln die Kritiker ihr allein zu! Und endlich einmal nicht nur in Valentins ihr angeblich auf den Leib geschriebenen Rollen! Sie fühlt sich emporgehoben und getragen und liest immer wieder die Kritik von Wilhelm von Hausenstein: «Und eben weil man Liesl Karlstadt im großen ganzen wohl nicht immer so nachdrücklich gewürdigt hat, wie sie es verdient, war es gut, sie auch einmal allein zu sehen – als eine selbständige Künstlerin, die aus dem Schatten ihres erstaunlichen, erschütternden Partners Valentin auf einige Stunden heraustritt ... Wie wird es nun weitergehen?»

Dann spielt sie noch eine Rolle im Volkstheater im Stück «Die drei Gschpusi der Zenta», geht damit auf Tournee, vom Valentin grob beschimpft. Der hat Angst, daß er sie verliert, verfolgt ihre Eskapaden in sichtlicher Erregung, das hat ihr ganz wohl getan. Ja, er beginnt sogar, das ist neu, um sie zu werben.

Die Liesl übernimmt immer mehr Rollen, in einem Stück, «Die Gerichtsverhandlung», allein fünf, und sie spielt die verschiedenen Personen so intensiv, kennt alle Verwandlungstricks, daß man nicht mehr weiß, wer sie zuvor war, und manchmal weiß sie es selber nicht. Dann sitzt sie abwesend und verloren in der Garderobe. Sie hat vorübergehend abgenommen und trägt einen schicken Haarschnitt, aber in ihr wimmelt's von schlimmen Gedanken.

Dem Valentin hingegen fliegen die Einfälle geradezu verzweifelt zu, und versteckte Attacken auf die Liesl, auf die er bislang so infam nicht verfallen ist, stehen ihm in Hülle und Fülle zur Verfügung.

1935, in einem ihrer düstersten Jahre, steckt er in dem Einakter «Sie weiß etwas» die Liesl wieder mal in die Dienstmädel-Uniform. Sie spielt eine freche Person, die dem Baron die Hölle heiß macht, bis jener sich endlich zum Heiratsantrag entschließt (den sie dann jedoch ablehnt). Was denkt sich dieser Narr, daß er ihre geheimsten Wünsche noch persifliert, was ist das für eine seelische Verirrung, die ihn zwingt, sich über sie lustig zu machen? Zum andern, das hat Monika Dimpfl in ihrer Karlstadt-Biographie entdeckt, läßt er in diesem verflixten Einakter auch Liesls Kindertraum nach der «Girafftorte» buchstäblich zerstören, indem der Baron, also der Valentin, auf den Tisch haut und mitten in die Torte hinein. Da ist bei der Probe die Liesl zusammengesackt, hat sich verheddert, hat gestockt, ist verstummt und ist rausgegangen, damit er nicht sieht, wie sie weint.

12. KAPITEL

Das Panoptikum

Die Empfindlichkeit der Machthaber gegen «Meckerer und
Miesmacher» / richtet sich auch gegen die Verbreitung
politischer Witze / und die provokatorischen Kabaretts und
satirischen Zeitschriften / haben das Jahr 1935 allesamt
kaum überlebt / Joachim Ringelnatz hat bereits
Auftrittsverbot / Erika Mann mit ihrer neugegründeten
«Pfeffermühle» will Deutschland verlassen / Und während
in Bayern die politische und kulturelle Vielfalt / aufhört zu
existieren / neigt sich auch das Verhältnis Valentin/Liesl
Karlstadt / dem Ende zu ...

Das Klima in Deutschland ändert sich. In München geht's
ziemlich rasch. Zunahme der unstatthaften Empfindlichkeit
von Staatsseite, wenn's um Satirisches oder Exotisches, Aus-
gefallenes geht. Viele kriegen den Mund nicht mehr auf.
Fremdländisches steht unter Granatwerferbeschuß. Voraus-
eilender Gehorsam der Kirche, der Presse. Und ob sie darüber reden hören oder in der Zeitung lesen – gleich erkennen
die Bürger, was Rechtens ist. Und alle haben sie sich's nicht
träumen lassen, was in jenen Tagen geschieht, sie hatten
doch keine Ahnung, haben doch nichts gesehen.

In München ist's von heut auf morgen aus mit Toleranz
und Weltläufigkeit. Verdränger sind sie allesamt mit leichter
Mühe geworden, Anpaßler, die wissen, daß es mit dem Aus-
scheren nicht weit her ist. Alles im Leben hat seine Ordnung,
und wer nicht pariert, ist selber schuld.

Die Sprache. Dieser Unterton. Die in den Fluten des Un-

109

terbewußtseins auftauchenden Strudel tödlichen Sogs. Und oben dräut der Nebel über den Wassern.

Haß gegen alles Fremde. Schrebergartentugenden. Einbettung in die Meinung der Masse. Untertanenmentalität. Und wenn der große Künder des Tausendreichs kommt, stellen sie sich alle auf, sämtliche Türen öffnen sich, Chöre singen, Bischöfe breiten ihren Segen aus, und von den Balkonen hängen die Flaggen wie rote gebleckte Zungen.

Es macht nichts, daß der Valentin und die Liesl nicht ganz dem neuen deutschen Idealbild entsprechen. Daß der Valentin kein deutscher Recke ist mit Siegesgewißheit im Blick und die Liesl keine blitzsaubre blonde Magd, die in der heimchenumzirpten Laube den Selbstgebackenen serviert. Sie sind bayerisch, also vielleicht sogar deutsch, ihr Repertoire ist reich, und für Abwechslung und Zuschütten ist gesorgt. Ihre Rolle als Humorunterbreiter ist vielfach erprobt. Und ab und zu tun sie's gar für umsonst:

«Dafür, daß Sie auf Ihre persönliche Gage (200.– R.M.) verzichteten und sie dem Winterhilfswerk zur Verfügung stellten, möchte ich Ihnen meinen besonderen Dank aussprechen. ‹Heil Hitler› Freisinger. Der Ortsbeauftragte für das WHW.» So steht's im Nachlaß von Karl Valentin, in dem er verschiedene Dankesbriefe für ihre Mitwirkung bei bunten Abenden aufgehoben hat. Kameradschaftsabende des SS-Reitersturms 1943, Teilnahme an «Kraft durch Freude»-Veranstaltungen bei der Deutschen Arbeitsfront der Nationalsozialistischen Deutschen Arbeiterpartei, Gau München. Valentins Motto «I will ja nur, daß d' Leit lacha!» war gefragt.

1933 gelingt es dem Valentin, mit der Reichsliga Film den ersten Tonfilm «Im Fotoatelier» herzustellen, im gleichen Jahr wird «Die Orchesterprobe» gedreht. Doch die Krise von 1936/37 begünstigt das Eingreifen des Staats, der mittels einer Holdinggesellschaft kleine Firmen aufkauft und schließlich die nationale Produktion auf vier Riesenunternehmen

110

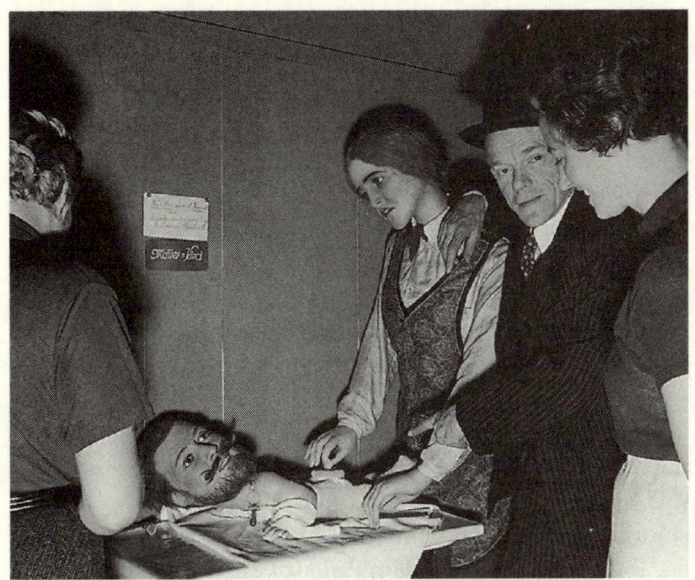

Karl Valentin mit Besuchern seines Panoptikums vor dem Objekt «Eine verpfuschte Verjüngungskur», 1935. Die Liesl erleidet bei der ersten Besichtigung einen Schock, das Publikum bleibt aus: Valentins 1934 eröffnetes Panoptikum.

konzentriert. Die Rundfunkarbeit beider ist jedoch rückläufig. Weder greift man auf ihre zahlreichen Platten zurück, noch werden ihre Rundfunkbeiträge gesendet. Eine lange Zeit haben sich die beiden ganz gut über Wasser halten können, haben trotz Weltwirtschaftskrise zwischen 27 000 und 38 000 Reichsmark pro Jahr verdient und sogar manchem notleidenden Kollegen finanziell unter die Arme gegriffen. Mit seinem neuesten Stück «Ritter Unkenstein», einem schwülstigen Horror-Ritterdrama, hat der Valentin großen Erfolg. Und doch zeigt dieses Stück, wie gewaltbewegt und schwülstig es auch in seinem Inneren allmählich zugeht.

Je ärmer und chaotischer die Welt um sie wird, je geringer die Einkünfte, desto zerbrechlicher wird ihre Beziehung, und desto intensiver pocht jeder von ihnen auf seine Selbständigkeit. Der Valentin hatte von Abhängigkeiten aller Art genug. Doch können seine ruinösen Versuche, sich etwa mit der Ritterspelunke oder dem Panoptikum, das er im Oktober 1934 eröffnet, einem Jux-, Grusel- und Gespenstermuseum, als Unternehmer selbständig zu machen, nicht gerade als erfolgreich betrachtet werden.

Was die Liesl empfindet, als der Valentin seine fixe Idee mit dem Panoptikum Gestalt werden läßt, ist unschwer zu erraten. «I häng mi auf», sagt sie, als sie das Teufelszeug sieht, das ihr ganzes Geld verschlungen hat. Das Panoptikum besteht aus all den Grausligkeiten, die der Valentin mag, einem Höllencafé, einer mittelalterlichen Folterkammer, von der Decke baumelt ein Gehenkter, mit einem schweren Gewicht an den Füßen. Eine teuflische Gestalt zwickt eine Frau mit einer glühenden Zange, Hexen, Drachen, Fledermäuse. Man möcht nicht glauben, was für eine sadistische Phantasie im Valentin steckt!

Seine zeitgemäße Faszination für technische Entwicklungen, die er in seinen Sketchs gern zum Anstoß komischer Verwicklungen nimmt, feiert hier düstere Urständ. Ausgetüftelte Quälapparate, eine Collage aus dem Arsenal des

Unmenschen, humoristisch verbrämt. Ein Konglomerat aus Ritterspielen und Drachenkämpfen, sich austobenden kindlichen Rachephantasien und sadistischem Zerstörungsdrang. Valentins Antwort auf die Untergangshymnen seiner Zeit im Zinnsoldatenformat. Zeugnisse eines gebrochenen Verhältnisses zur deutschen Wirklichkeit.

Gruppiert ist das alles um einen Raum, in dem Valentin seine Lust am Nonsens ausagiert. Da ist zum Beispiel die «Verpfuschte Verjüngungskur» zu belächeln, ein bärtiger Männerkopf auf einem aus Wachs modellierten Babykörper in einem Kinderwagen: der regredierte, von der Frau bewußt als Kind gehaltene Mann, auf der Suche nach dem «inneren Kind», der «mammone». Ein Lachkabinett mit einer eingekerkerten Mickymaus. Ein Petroleumbehälter, der Rosenduft verströmt. Ein Wachsbub mit einer elektrischen Nasenbohrmaschine.

«Na, wie gfallt dir das?» Der Valentin blickt die Liesl lauernd an. Sie hat die Tasche an sich gepreßt, ist so außer sich, daß sie nichts sagen kann. Ihr ganzes erspartes Geld ist futsch! Reingsteckt in so ein Glump!

Die Liesl Karlstadt, die sonst viel Humor und Einfühlung hat, viel Sinn fürs Bizarre, will diesmal den Valentin absolut nicht verstehn. Die Sach ist ihr nicht geheuer, und auch das Publikum sieht es nicht ohne Widerstreben oder bleibt aus. Das Panoptikum wird Ende des Jahres 1934 geschlossen, dann nochmals kurz wiedereröffnet und schließt im November 1935 endgültig seine düsteren Pforten.

In seinem Buch «Anekdoten und Erinnerungen» beschreibt Eugen Roth ausführlich «die Ungeheuerlichkeiten dieses verbohrten Hirns, dieses kranken Gemüts», die seine schlimmsten Befürchtungen übertrafen. Die «schauerlichen Gespenster» und «scheußlichen Folterknechte» ließen sein Blut gefrieren, und zum Schluß sagte er rundheraus, daß er «für diesen abartigen Humor nichts übrig hätte und zur Zeit schon gar nicht, wo eine schaudervolle Wirklichkeit jeden

fühlenden Menschen mit Abscheu und Entsetzen erfülle –
ob er denn von den Untaten in Dachau und in den Schinderstätten noch nichts gehört hätte. Valentin machte ein
dummlistiges Gesicht, pfiff ein kurzes ‹So!› durch die Zähne
und entließ mich, enttäuscht, daß ich an seinen tolldreisten
Einfällen kein Vergnügen hatte.

Nicht lange hernach traf ich ihn auf der Straße, er kam auf
mich zu und lachte triumphierend: ‹Sie, weil Sie gsagt
hamm, daß ihnen mein Gruselkeller net gfallt – am selben
Nachmittag war noch der Gauleiter Wagner da, was meinen
S', wie der glacht hat! I hab ihm des erzählt, der Doktor Roth,
hab i gsagt, der hat sich aufgregt, so was, hat gsagt, braucht
man jetzt net künstlich machen, wo's doch in Dachau und so
an der Tagesordnung ist!› Seitdem bin ich überzeugt, daß der
Mensch einen Schutzengel hat und daß er ihn unverhofft
brauchen kann – selbst gegen den großen Komiker Karl Valentin.»

Selbst im Grausamsten, Hämischsten ist der Valentin
zu Hause, niedergangssüchtig und wurzelbürstenhaft. Die
Phantasie auf Stiefelgröße geschrumpft. Als er der ohnedies
überlasteten, gequälten, traurigen Liesl das Panoptikum zum
erstenmal zeigt, hat er einen Schauspieler unter den beunruhigenden Femerichtern versteckt, der sich plötzlich bewegt.

Das gibt der Liesl den Rest. Zuviel ist in ihr angestaut und
aufgestapelt, sie hat Schmerzen innen und außen, ist sich
selbst nicht geheuer. Immer muß sie Druck entfalten, um
sich nicht völlig aufzulösen. Immer häufiger ist sie in einem
Gefühl bedrückender Gewitterschwüle, als ob sich in ihr etwas zusammenbraut. Ein Zustand unbehaglicher Passivität
und Dunkelheit, der sie an Alpdruck denken läßt.

Dazu vom Bräutigam verlassen, um ihr Erspartes gebracht, vom Valentin und seiner neuen Flamme einmal abgesehen – sie ist am End. Zusammenbruch. Schock. Immer
wieder ist sie von Arbeit zu Arbeit gestürzt, von Rolle zu
Rolle, zuletzt sogar fünf Rollen auf einmal in einem Stück.

Um sie herum türmen sich die Gebirge stets neuer Anforderungen auf. Sie schafft es nicht mehr, sich immer nach außen zu stülpen, sie kommt mit ihren Verwandlungen nicht mehr nach.

Sie fühlt sich körperlos und geschlechtslos. Hinter all ihren Rollen bleibt sie namenlos, unerkannt, nicht anerkannt, die Frau mit dem Männernamen, vom Mann gegeben. Mal Prinzessin, mal Aschenputtel, mal schöner Knabe, Ritter, Bettelmann, Matrone, Kind – hinter ihren vielen Masken lauert ein verletztes, ruhebedürftiges, einsames, umherschwirrendes Selbst, kein fester Kern, zu dem sie immer wieder zurückkehren kann. Indem Gesicht und Körper in Rollen zerfließen, löst sich ihr Innerstes auf. Ihre Seele geht am Aufruhr ihres Körpers zugrunde.

Halb abgewendet steht der Valentin da, vorsichtig und zögerlich, tief getroffen. Er hat alles vor ihr ausgebreitet, sein ganzes Chaos, seine dichtbevölkerte Geisterstadt. Des war ned ausgmacht, daß sie im Ton der gekränkten Leberwurst voll Ekel vor ihm zurückweicht! In jeder freien Minute hat er, der fanatische Bastler und Tüftler, seine unheimlichen Neigungen in seine Erfindungen gelegt, die den Zeitgeist widerspiegeln. Und jetzt nennt sie ihn einen Gefühllosen, Kalten, bricht gar in Tränen aus, weil sie's angeblich nicht ertragen kann. Sie will einfach nicht wahrhaben, denkt der Valentin, daß alles absurd ist, durch und durch absurd. Es ist mir nicht möglich, die Welt anders zu sehn. Vom ersten Augenblick meines Lebens hab ich diese Absurdität empfunden, schon als Kind war die für mich in jedem Ding! Wenn man sich nur entsprechend hineinkniet, findet man Ordnung zu seiner Zufriedenheit nirgendwo. Ja, das meiste lädt doch zu seiner Zerstörung geradezu ein …

Melancholisch schaut der Valentin die Liesl an, und seine Arme in den zu kurzen Jackenärmeln hängen hilflos herab. Sind sie nicht wunderschön, die lebensgroßen Wachsfiguren vom Sohn des Hofwachsplastikers Josef Hammer, vom

Johann; lebensnah, mit echten Wimpern, Haaren, Brauen, Glanzstücke an wahrheitsgetreuer Nachbildung.

Er versteckt seine Arme am Rücken, gleich kommen s' wieder nach vorn. Eigentlich will er sie anfassen, trösten, statt dessen gibt er dem Fußboden einen Tritt und ringt die Hände vorm eher nach innen gezogenen Bauch, nicht ohne Verzweiflung.

Eine Krankheit hat s', denkt der Valentin, eine innere Krankheit, ob die auch ansteckend ist? Bazillen, Bakterien, Viren, Würmer und Pilze, vielleicht sind s' in der Seel genauso wie im Körper zu Haus. Und springen über auf mich. So viel Unerforschtes, wie's auf dem Sektor gibt, und wie manche von Geburt an schon auf der Seele leiden, da gibt's Leut, die schon tot sind, wenn sie geboren werden, andere sinken lebendig ins Grab. Noch andre wieder weinen ein Leben lang, klagen und schimpfen, sind innerlich verstümmelt. Infektiöse Kinderkrankheiten sind das, wie Masern und Scharlach, und es heißt, daß das vom mütterlichen oder väterlichen Unverständnis herkommt. Große Risse gehen durch die Menschen, die kann man nie wieder reparieren.

Die Liesl hat jetzt Tränen in den Augen und schluchzt. Dann geht sie, die Schultern irgendwie gekränkt, was von Abschied murmelnd.

Der Valentin schaut ihr nach, zähneknirschend, die Händ zu Fäusten geballt. Die Liesl schleicht um die Ecke, mit einer liederlichen Haltung, den Kopf gesenkt, mit schwere Füß, eine nicht mehr ganz einwandfreie Persönlichkeit.

Zu Haus ruft der Valentin den Dr. Seif an, einen alten Bekannten, Psychiater. Dann zieht er sich, nach ein paar Worten zur Gisela, ins kleine Badezimmer zurück, gurgelt mit Mundwasser, wascht sich um und um mit einem auffallenden Bedürfnis nach Reinlichkeit, rasiert sich und zieht sich um, tut sein Zeug in die Wäsch. Dann bürstet er sein Jackett und hängt's vors Fenster hinaus, zum Lüften.

✳

Während die Liesl sich immer mehr in Empfindungen der Sinnlosigkeit und Leere verstrickt, verkriecht sich der Valentin in seine Ehe und zieht sich zurück. Offenbar sind die täglichen Dialoge mit seiner Frau für ihn weniger anstrengend, zumindest weniger existenziell bedrohlich, als die Szenen mit der Liesl. Seine Tochter Berta berichtet, so Alfons Schweiggert, daß täglich folgendes Ritual ablief: «Frau! Is d' Zeitung scho da?» – «Ich kann s' auch net herzaubern!» – «Ich hab ja nicht gsagt, du sollst sie herzaubern! I hab nur gfragt, ob s' scho da is!» – «Mußt halt warten, bis s' kommt!» – «Ja, Frau, das weiß ich selber!» – «Froh bin i, wennst heut fort bist!» Dann war er beleidigt und ist gegangen. Aber dann kam er zurück. «Moanst, i brauch an Schirm, Frau?» Dann hat die Frau die solchermaßen verbrämte Abbitte verstanden und war gerührt.

Doch da ist nicht die Gisela anzuklagen, sondern die Institution Ehe, die das Verhältnis zwischen Mann und Weib auf die Dauer der zärtlichen Liebe entblößt. Niemand kann der Gisela einen Vorwurf machen, daß sie, gebunden an diesen vergrübelten, einzelgängerischen, skurrilen Mann, nicht immer die Dulderin gibt. Sie spricht ihre Wut immer deutlicher aus.

Inzwischen ist ihr nicht entgangen, daß die Liesl entmachtet und die blutjunge Annemarie Fischer an ihre Stelle getreten ist. Jetzt kommt die Zeit, wo der Valentin immer mehr in Haushaltsangelegenheiten seine Nas reinsteckt. Und die Gisela, das wird jeder verstehn, hat von alledem mehr als genug und legt Daumenschrauben an. Manchmal bringt sie den Valentin an den Rand der Verzweiflung, aber an eine Scheidung hat er nie gedacht, das wär doch der Gipfel der Verantwortungslosigkeit!

Die Gisela hat später, nach dem Krieg, Brustkrebs bekommen und mußte operiert werden, das hat den Valentin tief getroffen. Sie hat ihn aber dann um acht Jahre überlebt und ist an Kehlkopfkrebs gestorben. Die letzten Jahre war es kein leichtes Leben. Sie war mittellos, und der Valentin-Nachlaß, den der Kölner Theaterwissenschaftler Carl Niessen für 7000 Mark erworben hat, nachdem die Stadt München das Angebot nicht wahrnahm, hat ihr nicht viel gebracht. Nur eine kleine Rente von monatlich 200 Mark für drei Jahre, doch ihre Tochter Berta hat sie rührend umsorgt und gepflegt.

Der Valentin Karl hat zu seinen Töchtern zunächst ein gespaltenes Verhältnis gehabt. Als die erste Tochter Gisela geboren wurde, da war er grad mal 23 Jahr alt und die elterliche Speditionsfirma stand vor dem Ruin; an eine Heirat war schon deshalb nicht zu denken, abgesehen davon, daß dieser Gedanke ihm Platzangst gemacht hat. Später aber, als die Gisela, die bei ihren Großeltern aufgewachsen ist, ihre Eltern ab und zu besucht hat, da hat er gern mit der lebhaften Tochter gespielt. Aber eigentlich hat der Valentin nie Kinder gewollt, es liefen doch eh schon viel zu viele herum.

Er hat sich nicht eingemischt, als die Gisela unbedingt Schauspielerin hat werden wollen, doch der Mutter zuliebe ist die Gisela schließlich Schneiderin geworden und hat dann einen Schlosser geheiratet. Der Valentin hat später seine Tochter und ihren Mann, der seine Familie nicht ernähren konnte, finanziell unterstützt. Erst als er feststellen mußte, daß der Ludwig Freilinger, sein Schwiegersohn, aus dem wirtschaftlichen Schlamassel nicht herauskommt, hat er die beiden aus Sorge um sein Vermögen enterbt. Der Freilinger ist später, wie sich herausgestellt hat zu Unrecht, wegen «politischer Wühlarbeit» ins KZ Dachau eingeliefert worden, berichtet Alfons Schweiggert, aus dem hat ihn kein anderer als Valentin wieder herausgeholt, und das soll so gewesen sein: Der Valentin Karl und die Liesl haben 1935 im Dezember in Berlin ein Gastspiel gegeben, das von der braunen Prominenz besucht worden ist. Und danach haben die hohen Herrschaften der NS die beiden Künstler zu einem Umtrunk in einem Lokal eingeladen.

118

Da soll der Himmler gesagt haben: «Herr Valentin, Sie haben uns heute so schöne Stunden bereitet, daß wir Ihnen gerne zum Dank eine besondere Freude machen möchten. Was wünschen Sie sich denn?»

Der Valentin hat sofort die Situation überschaut und gesagt, sein Schwiegersohn säß in Dachau, den hätt er gern frei. Ob denn der Schwiegersohn ein Gegner des Führers sei, wurde er dann gefragt. «Na», sagte der Valentin, «der hat nur seinen Bürgermeister kritisiert, der steht nämlich im Verdacht, die Winterhilfssammlung zum Teil veruntreut zu haben.» Im Februar 1936 war dann der Schwiegersohn wieder frei.

Für die Tochter Berta, die der Liebling der Mutter gewesen ist, hat der Valentin zunächst weniger Interesse gezeigt, auch hier hat er lang gebraucht, hat dann mit ihr musiziert und gesungen. Sie ist später eine wichtige Helferin für den Valentin geworden und hat ihn manchmal auch in der Öffentlichkeit begleitet. «Ich war als Kind immer eifersüchtig», erzählt die Berta in ihren Erinnerungen, «wenn Papa das ‹Fräulein Karlstadt› – wie er sie in meiner Gegenwart nannte – mir zum Vorbild machte. Ich hatte das Empfinden, diese Frau nimmt mir meinen Vater. Außerdem konnte ich Mama nicht weinen sehen ...»

Wie die Schwester hat es auch Berta zum Theater hingezogen. 1929 ist sie das erste Mal auf der Bühne gestanden, zwei Jahre später hatte sie ein Engagement in Königsberg, für Valentin am «Ende der Welt». Oft ist er vor Sorgen nachts aufgewacht und hat Auftritte abgesagt. Krampfhaft hat er sich in Gedanken an die Tochter geklammert, und in seinem Brief vom 3. Februar 1932 ist ein gewisser Unterton nicht zu überhören:

«Sehr geehrte Tochter! Anläßlich unseres letzten Beisammenseins in München, am 5. August 31, gestatte ich mir, jetzt die Rechnung für deine Existenz gütigst zu übersenden, und hoffe, daß du mit den Preisen einverstanden bist.

Hebammenkosten,

bezahlt am 21. September 1910   Mk 20.–

1 kleine Blechbadewanne   Mk 6.–

Lauwarmes Wasser, 6 Jahre lang,

tägl. 10 Pfennig   Mk 219.–

Schwammbenützung, 6 Jahre lang, tägl. 5 Pfg.   Mk 108.50»,
und so weiter, über «Semmelmus», Schulbücher, Bubikopf
schneiden, bis zur Reise nach Königsberg, und er kommt auf
die Summe von Mk 22 162.70. «Bezugnehmend, daß du
mein eigenes Fleisch und Blut bist, habe ich 10 % zugestan-
den.»

Das ist eine fast feindselige Aufrechnung, wieviel er für
seine Tochter getan habe, und ein Appell, sich nicht dieser
Verpflichtung zu entziehen. Er erwartet Dankbarkeit, Fü-
gung, Rückkehr. Selbst an den Theaterdirektor Werner hat
der Valentin geschrieben: «Vor vielen Jahrzehnten, ungefähr
im August 1931, kamen Sie zu mir und raubten mir mein
Kind ...»

So wurden beide Töchter Gefangene ihres Pflichtgefühls,
denn auch die Berta hat sich langsam, aber sicher dem Vater
genähert, ging 1934 ans Schauspielhaus Nürnberg, war 1935
kurzfristig am Deutschlandsender in Berlin, machte ein bisserl Kabarett, hat schließlich Valentins Erpressung, ihr jeden
Monat hundert Mark Taschengeld zu spendieren, akzeptiert.
Der Valentin wiegt sich wieder in Sicherheit. Er trennt sich
nie von ihr, spielt ihr was vor, liest ihr seine Werke vor, mimt
mit ihr seine Stücke, es ist Manna des Himmels für ihn, die
Rolle des Liebhabers zu übernehmen.

Dabei ist er doch auf der Hut und wittert Betrug, als sie
mit 31 Jahren bei Ernst Hoferichter ein Studium der Gra-
phologie beginnt. 1948 heiratet die 38jährige Berta den
50jährigen Offizier Eduard Böheim. «Wir führten in unserem Planegger Häusl einen glücklichen Doppelhaushalt Va-
lentin-Böheim und waren doch nur eine Familie», schreibt
Berta in ihrem Erinnerungsbuch. Am Grab Valentins erlitt

Berta einen Nervenzusammenbruch. Sie hat sich später um sein Werk gekümmert und ihre Erinnerungen unter dem Titel «Du bleibst da und zwar sofort!» herausgegeben und ist mit 75 im Planegger Haus an einem Asthmaanfall gestorben. 1988 hat dann auch Gisela Freilinger-Valentin ihre Geschichte unter dem Titel «Karl Valentins Pechmarie. Eine Tochter erinnert sich» herausgegeben, sie lebt heute in Sünching.

13. KAPITEL
Der Sprung in die Isar

*Am 20. März 1933 / läßt Heinrich Himmler in Dachau /
das erste Konzentrationslager errichten / Ab 1935 werden
neben politischen Regimegegnern wie Kommunisten und
Sozialdemokraten / auch andere «unerwünschte Elemente»
eingesperrt / Bibelforscher, Homosexuelle, Emigranten,
Juden, Priester / Gewohnheitsverbrecher, «Volksschädlinge»
und Arbeitsscheue / Die Nürnberger Rassengesetze
1935 / machen aus Juden Freiwild / Die Kirche in der
«Hauptstadt der Bewegung» hält still / Über die
Unheimlichkeit dieser Zeit / wird in München nicht
gesprochen / eher darüber, wie gewaltig sie ist ...*

In München kommt's zum dramatischen Höhepunkt unserer
Geschichte.

Die Liesl trägt zu schwer an ihrer Kümmernis, ihre Seel ist
so bedrückt, daß sie's kaum schleppen kann, es wird ja nie
was besser. Sie trägt sie an die Isarbrücke, bleich, mit Magen-
schmerzen, zu Haus hat sie zweimal erbrochen.

Unten die Isar ein Grau, es ist nieselig und kalt im April,
der Himmel fast schwarz, wie sie von der Finsternis bedroht.
Es ist zu schwer, mit ihren Verlusten zu leben, und an den
lieben Gott hat sie in letzter Zeit auch nicht mehr geglaubt.

Die Liesl hängt jetzt am Brückengeländer.

Es ist der 6. April 1935 morgens um halb neun. Wenn sie
sich nach rechts wendet, kann sie ihre Wohnung in der Maxi-
milianstraß beinah sehen.

Sie hat einmal gern gelebt, wo ist das hin? Jetzt geht's

122

nimmer mehr, auch wenn man noch so viel dagegen tut. Sie
blickt ins Dunkel hinab. Das Wasser ist hier reißend und
tief. Sie hört Schritte, ein Mann geht über die Brücke, im
Regenmantel, einen Schirm in der Hand. Nichts entgeht ihr,
sie sieht seinen dunklen Bart, den Ring an seinem Finger.
Ohr und Augen sind treuer als ihre Empfindungen, da wird
nichts gelöscht. Sie wendet, wie viele, deren Leben zu Ende
geht, ihre ganze Aufmerksamkeit den kleinen Dingen zu.
Sie zählt die Schläge der Uhr, es ist neun, die Häuser entlang
der Isar, soweit ihr Auge reicht. Sie sieht das Gesicht vom
Valentin, als er ihr das Panoptikum zeigte, sein Grinsen.
Hört ihn, wie er bei ihrem ersten Treffen, nachdem er ihre
Darbietungen im Flittergewand gesehen hatte, sagt: Sie,
Fräulein, des is nix. Schon ist sie wieder beim Panoptikum
angelangt, und sie sagt sich im stillen immer wieder das
Wort auf: Fischgemsigeldackelentenelsterschlangenhasen-
karpfenrollenhirschbartsaurus; der Valentin hätt seine Freud
daran, wie er sie mit seinen perversen Sprachwürsten in ih-
rer letzten Lebensminute malträtiert.

Die Liesl spürt ein Knäuel, ein Sackgassengefühl in ihrem
Hals, ihrem Bauch, ihrem ganzen Körper. Dieses Knäuel ist
in ihrem Bett, im Kopfkissen, in ihrem Herzen. Es ist so
schwer und so verstrickt, daß sie's kaum schleppen kann, es
zieht sie hernieder, bückt sie, zwingt sie in die Knie. Sie hat
es immer getragen in letzter Zeit, es gibt nur eins, wie sie es
loswerden kann. Dieser Valentin ahnt nicht, was ihm bevor-
steht, er wird es sehen, was er für Verluste hat.

Sie will das Knäuel abwerfen, es drückt sie zu sehr, sie
kann nicht mehr warten. Sie hält diesen Abgrund nicht mehr
aus zwischen sich und der Welt, sie will ihn durch einen
Sprung überbrücken. Sie zittert und friert, ihre Augen sind
voll Tränen.

Ein verpfuschtes Leben, ohne Anerkennung, ohne Zärt-
lichkeit, ohne Familie. Wär ihre Schwester Amalie nicht,
sie hätt's schon längst beendet. Alles hat sie falsch gemacht.

Liesl Karlstadt, um 1940.
«Weint viel, zeigt jetzt aber eine andere Tendenz stärker und deutlicher: das ganze bisherige Leben als eine Kette von Schwierigkeiten zu sehen, die ihren Grund im Verhalten u. in der Art anderer Menschen haben (K. Valentin).» Aus Liesl Karlstadts «Krankheitsgeschichte» der Psychiatrischen Klinik München vom 9.5.1935.

Alles verloren. Sie verdient nicht mehr, unter anderen Menschen zu leben, ist nichts wert. Sie ist erschöpft von ihrer inneren Leere und sieht den Valentin vor sich, wie er mit einem sardonischen Grinsen in ihre Girafftorte reingehaut hat. Da geht eine große Faszination für ihn vom Abmurksen aus. Frauen zersägen, das ist sein größtes Vergnügen. Und die Welt in die Luft sprengen, darin hat er die wahre Meisterschaft.

Der Liesl tut's nicht einmal mehr weh, das zu denken. Sie hat nur noch wenig Kraft. Das Dunkel kommt, und es bleibt die Lähmung, die Verlorenheit. Fremd in der Fremde ist sie, sich selbst fremd. Die furchtbaren Prozesse in ihr, die sie beinah zerrissen haben, sind von der Schwärze verdeckt, tief abgesunken ihre Niederlagen, viel zu groß der Schmerz, nicht auszuhalten, verdeckt.

Es genügt, daß sie noch einmal hinabsieht ins graue Wasser, daß sie weiß, was sie will. Sie zittert vor Mut, so allein über dem Fluß, sie bebt immer mehr vor Unglück. Ihre Zähne klappern, ihr Herz schlägt wie wild, doch dem Schwindel in ihr, dem setzt sie mit letzter Kraft einen erbitterten Widerstand entgegen. Es muß ein Ende haben mit dieser Schwere, diesem Grauen.

Die Liesl springt.

Wellano, Wellano, lebst aa no ...

Und während sie hinabfliegt und mit den Flügeln schlägt, verschlingt sie ein Stück Girafftorte, dann eine Reihe von Äpfeln, in die Adam gebissen hat, aus Valentins Panoptikum. Und während neben ihr ein Haufen von Sternen explodiert, grinst sie die Loreley an, ein zerlumptes altes Weib mit goldenen Haaren, Scharfrichter und Hexen umringen sie, ein ausgemergelter Gefangener und der Gehenkte, all diese Popanze aus dem Panoptikum, und da, eine ganz Üppige, Dicke, und da Valentin, der ihr nachblickt und zur Liesl hinschreit: «Bremsen, bremsen! Langsam fahrn! Schau dir dort die Dicke an! Des is a Weib!» Und die Annemarie Fischer im Witwengewand leiert ihre depperten Schlager, die Hur, dieses kleinbürgerliche Tschapperl, das dem Valentin, dem das gfallt, schöne Augen macht, die mit einem schrillen Mäusefiepen stutzt, weil die Liesl da vorbeifliegt in ihrem bombastischen Begräbnisflug, goldene Flügel auf den Schultern. Was für eine lächerliche und gemeine Person, denkt die Liesl, diese Mitursache meines eintretenden Verzweiflungsendes, und merkwürdigerweise hat die Geschwindigkeit dieses Flugs mir die Sehschärfe total erhalten, dieser Pickel an ihrer Nase und um die Taille dieser Wulst, mit vierzig fangt die an auseinanderzugehn. Und wie sie aufschlägt und das Dunkel über ihr endlich zusammensinkt, hört sie noch einmal den Valentin ab, der an seinem Weltuntergangstext feilt ein Leben lang:

«‹Wehe, wehe›, sprach der Oberlehrer von der Gasanstalt. ‹Richtet nicht, sonst werdet ihr gerichtet›, da öffnen sich die Wolken, und mit blinzelnden Augen treten 18 Packträger hervor und verkünden das Ende der Welt. Links und rechts stehen je vier goldene Jungfrauen mit Semmelbröseln bepappt und hielten ein vernickeltes Butterbrot in der Hand. Die Luft zitterte wie Schweinssulz, die Erde wühlte sich auf, die Vesuve speien Honig und Sauerkraut. Nacht- und Tageulen, Junikäferln und Lämmergeier schwirren gespensterhaft auf dem Fußboden umher, panikartig zerplatzte ein alter Leberkäs, und am Ende des Vortrags trat plötzlich der Schluß ein.»

14. KAPITEL
Sturmgebraus

Die Judenhetze in Deutschland / ist maßlos geworden /
Pogrombeginn auch in München / Die bayrische Volksseele
reagiert / in einer entlarvenden Mischung aus /
Mehrdeutigkeit, Peinlichkeit, Ausflüchten, Wegschauen
und Denunziation / Man gibt sich «unpolitisch» / doch
dahinter lauert / ein tödliches Gift ...

Die Liesl steht im Tagesraum, an die Wand gelehnt, so, wie sie die Krankenschwester zurückgelassen hat. Sie trägt an den Füßen lange weiße Batschn mit abgenutzten Spitzen, die sie vom Krankenhaus bekommen hat. Ihr Haar ist fettig und glatt nach hinten gekämmt, als hätt die Schwester mit ihren verdeckten Haaren was gegen diesen natürlichen Schmuck. Das Krankenhaushemd bauscht sich über ihrem Bauch unter dem abgetragenen Bademantel.

Die Liesl spielt mit einer Murmel, die sie irgendwo gefunden hat, und läßt sie über den mit einem Wachstuch bedeckten Tisch rollen. Die Murmel fällt mit einem Knall auf den Boden und rollt hinter die Heizung. Die Liesl schaut sich zuerst um, ob niemand ihr Mißgeschick gesehen hat, dann bückt sie sich schwerfällig und hebt die Murmel auf, steckt sie rasch in die Tasche des Bademantels. Mit roten Wangen und verlegen erhebt sie sich wieder.

Sie sieht jetzt aus wie eine ganz gewöhnliche heruntergekommene Vorstadthausmaus, so, wie die halt aussehen, grau, teigig, unfrisch, dicklich, verlebt. Ab und zu geht sie deprimiert und unruhig durch den Raum, blickt aus dem Fenster auf die Straße hinab. Ihre Bewegungen sind sehr verlangsamt, das kommt von den Schlaftabletten.

Der Tagesraum ist ihr Zufluchtsort. Dort sitzt sie stundenlang und starrt auf die Straße hinab. Auf die Bäume gegenüber, die die getupften Lüfterlwolken berühren. Sie schaut ihnen abwesend zu.

Sie denkt an die Therapiestunden. Immer wieder hat sie von sich und dem Valentin, seinen Schikanen und ihrer Sackgassensituation erzählt. Der Text geht mir sozusagen wie geschmiert von den Lippen, denkt sie, das Leben hat ihn mit mir geprobt. Doch damit komm ich beim Dr. Seif nicht durch ... Der beobachtet mein Gezappel und bringt die Rede immer wieder auf mich selbst. Da fliegen ihm weiter reichende Fragen nur so zu, Argumente, Bilder, Gefühle, auf die ich sonst nicht verfiele ... Und was er dann sagt, hat die Glaubenskraft sämtlicher Religionen. Der läßt nichts aus, nicht die Frage nach den seelischen Folgen meiner Gebärmutteroperation, nicht die nach den frühen Selbstmordwünschen, schon 1917 bei der Besteigung des Wendelstein. Und immer wieder bohrt er, warum ich denn so gar kein Selbstwertgefühl hätt.

Nach jedem Gespräch macht sich Dr. Seif Notizen, in denen steht alles drin: Unsicherheit, Scheu, Kinderwunsch, psychisch gebundene Motorik, Ideenflucht, depressiv wahnhaftes Syndrom, Kleinheitsgedanken, Verarmungsängste, Minderwertigkeitsgefühle, morgendliche Depressivität, abendliche Hypo- und Submanie, Abschlußepikrise, konzeptionelle Unfähigkeit, Regressivität, Narzißmus-Konflikt, gestörte Geschlechtlichkeit. Und immer noch ist er nicht am Ende mit seinem Latein, denn heut hat er erneut die Feder genommen und hingeschrieben: «Hinter der Maske der Komikerin tiefe Traurigkeit», doch das alles konnt die Liesl nicht sehen.

Der Raum ist leer, bis auf eine dicke Schnapslerin, die verkrampft und verbissen an einem Shawl häkelt, wie ihr die

Schwester aufgetragen hat. In diesen Shawl strickt sie ihren ganzen Schweiß, all ihre Verzweiflung und Ausweglosigkeit hinein, fährt zweimal in dieselbe Masche oder läßt eine fallen. Sie schiebt ihre Zunge im offenen Mund hin und her, und ab und zu fängt sie zu weinen an, legt das Strickzeug in den Korb, stützt den Kopf auf die Hände und verteilt die Tränen gleichmäßig auf Stirn und Wangen.

Die Liesl aber weint nie. Nur gelegentlich gibt sie ein Seufzen von sich. Ihre Verzweiflung sitzt immer noch trocken in ihrer Kehle und kommt nicht hoch. Nicht in ihre Augen, nicht in ihren Kopf. Wenn sie nicht aus dem Fenster schaut, hat sie meist ihre Augen gesenkt, als könne sie den Anblick von Menschen nicht ertragen. Oder als wolle sie nicht, daß jemand den Morast sieht, in dem ihre Neugier, ihre Unternehmungslust, ihre Lebensgeister versickern. Es ist, als sei sie eingemauert in einen gräßlichen Traum, und keine Möglichkeit, ihm zu entrinnen.

Manchmal, wenn sie gar nicht mehr aus und ein weiß, zieht die Liesl Valentins Brief heraus und liest ihn wieder und wieder, das einzige, was sie nicht müde macht: «München, 2. Okt. 1935. Meine liebe, liebe Lisi! Mein Brieflein beginnt mit dem Marschlied: Halte aus! Halte aus im Sturmgebraus! Und wenn du das tust, wird alles wieder gut. Wie sehr Du mir nicht ans, sondern ins Herz gewachsen bist, wirst du wohl nie erfassen. Ohne Dir ist die Welt völlig inhaltslos ...»

Man hat die Liesl Karlstadt völlig durchnäßt und knirschend vor Sand bei der Prinzregentenbrücke aus der Isar gezogen, stark unterkühlt. Die Polizei hat sie in die psychiatrische Klinik gebracht. Die Krankenakte hält ihre Selbstvorwürfe und ihre Anschuldigungen an Karl Valentin fest, die Protokolle nach den Befragungen der Schwester Amalie Wellano, Karl Valentins und Dr. Leonhard Seifs, Nervenarzt, der sie behandelt hatte. Valentin erklärt, Sorgen wegen ihres Alters seien mit das Hauptmotiv gewesen, von Selbstmordgedanken wisse er seit längerer Zeit. Liesl Karlstadt sei bereits bei zwei Nervenärzten in Behandlung gewesen. Er wie Amalie Wellano geben an, daß Liesls Veränderungen im November 1934 eingesetzt hätten.

Dr. Seif spricht von Selbsthaß seiner Patientin und wie unglücklich sie darüber gewesen sei, ein Mädchen, klein und häßlich zu sein. Nur in Hosenrollen habe sie dies vergessen und sich unbeschwert fühlen können. Doch sei sie nicht lesbisch gewesen. Er gibt als Motiv für ihre Melancholie Valentins Verhältnis zu einer anderen Frau an. Sie sei geheilt worden, als sie sich in einen anderen Mann verliebt habe. Den Beginn der aktuellen Depression setzt Dr. Seif bereits in den Mai des Jahres 1934, als Valentin seinen Gruselkeller geplant habe. Sie habe sich abgeschoben und überflüssig gefühlt, um so mehr, als Valentins Ehefrau, die an der Kasse saß, seine Tochter und seine Sekretärin, mit der er eine intime Beziehung gehabt habe, mit beschäftigt wurden. Sie habe das Ende ihrer gemeinsamen Arbeit befürchtet.

Auch habe seine Patientin starke Schuldgefühle gegenüber dem Karl Valentin, weil sie ihm von ihrem Freund nichts erzählt habe, mit dem sie Bergtouren mache und Ski fahren ginge; Dr. Seif habe ihr geraten, mit Karl Valentin darüber zu sprechen. Der jedoch habe nichts dagegen eingewandt, und das habe sie verstimmt.

Gunna Wendt hat in ihrer Liesl-Karlstadt-Biographie die sogenannte «Krankheitsgeschichte», den Verlauf ihrer Krankheit, nach Klinikunterlagen protokolliert. Die Gesprächstherapie für solche Leiden wird damals noch nicht angewandt. Man beruhigt mit Schlafmitteln und Barbituraten.

Nicht nur rundum bricht alles zusammen, auch dem Valentin steht das Wasser bis zum Hals. Es wird eng. Der Geist der Bewegung läßt immer weniger Abweichungen zu. Immer mehr wächst die Lust, in grandiose Gefühle einzutauchen,

Karl Valentin, um 1935.
«Du hast gestern abend gesagt, ich habe ja gar niemand mehr auf der Welt,
der mich mag, ich bin ja ganz verlassen. Ja, das konntest Du ja aber nur in
Deinem jetzigen Zustand sagen, denn Dich hat ja wirklich alles lieb ...»
Karl Valentin 1936 in einem Brief an Liesl Karlstadt in der Klinik.

ringsum orakelt es in dunkelster Begeisterung – was sollen da Valentins kleine Szenen um kleine Dinge?

Der Valentin plagt sich redlich mit Gewissensbissen und steigert sich in seine Hypochondrien hinein. Obwohl seine Tochter beteuert, weder von ihm noch von der Mutter darum gebeten worden zu sein, ist es anzunehmen, daß er sie zu einem Brief an Liesl Karlstadt veranlaßte, in dem sie bittet zu verstehen, daß ihre Mutter an der Kasse sitzt, sie sei nun einmal die Frau ihres Vaters. Den Brief hat das Archiv der psychiatrischen Klinik aufbewahrt.

Doch je mehr sich der Valentin seinen Ängsten hingibt, desto mehr Beschädigungen entdeckt er an sich selbst, am End ist er davon übersät. Denn wem, der sich einmal mit Haut und Haar auf diesen Beruf eingelassen hat, gibt der je Ruhe? Der Beruf duldet nix andres um sich und hat keine Familie. Alles will beachtet und auseinandergenommen werden, alles aufgenommen und zersetzt, die Empfindungen und Prüfungen nehmen kein End. Was er gesehen hat, hat er gesehen, was er gehört hat, hat er gehört, was er gerochen hat, hat er gerochen – er wird sich hüten, etwas davon zu verlieren. Und die Liesl kennt er inzwischen zu gut, als daß er nicht weiß, wie schlecht es ihr geht. Was die Psychiater in der Klinik bei ihr «Ideenflucht» nennen, das brauchen sie doch! So viel Ideen kann einer gar nicht haben, daß er sie nicht einfangen muß, zum Glück gehen sie ihm nicht aus. Und wenn sie ihm so nachrennen, unerschöpflich, ohne End, da kann man nix machen, da läuft man dann halt rum wie ein einziger Bauchladen, von oben bis unten angefüllt mit kleinen Gegenständen, und manchmal ist's wirklich eine Tortur, sie nicht mehr loszuwerden …

Dem Valentin macht das alles angst, und er hat Angst, daß das auch sein eigenes Leiden ist. Auch ihm ist alles zuviel, und so dumm ist er nicht, daß er nicht die eigenen Fluchten bemerkt. Die Liesl ist sein Spiegel, sein Schatten, und wenn sie sich verliert, verliert sich auch er.

Der Valentin kauft am Sendlinger-Tor-Platz an einem Stand einen Strauß Rosen und biegt in die Nußbaumstraße ein. Vor der Klinik bleibt er einen Augenblick stehen, dann holt er tief Luft und tritt ein.

Die Liesl ist mit sich eingesperrt und nimmt sich Fleckchen für Fleckchen in ihrem Inneren vor. So kann sie auch nicht aus sich heraustreten, als da jemand vor ihr steht, der sie an den Valentin erinnert, der verschoben worden ist zu einer fremdartigen Form. Wie in einem Zerrspiegel, noch langgezogener, als er schon ist, und irgendwie schief und verbogen, mit um Blumen gekrümmten langen Fingern und zum Kuß gespitzten Mund.

«Wieso», sagt die Liesl laut und weicht zurück. Da dreht der Valentin Karl seinen Vogelkopf weg und blinzelt sie an.

Was blinzelt der überhaupt? Tut wie ein Luftikus, der seinen Spaß mit ihr treibt.

«Mei Liesi», der Valentin ist über die Verwandlung der Liesl erschüttert. Ein Mensch, der lebendig war, geweint hat und gelacht, verwandelt in dieses starre, lustlose Trumm. Dieser Aufzug, diese toten, erschreckenden Augen, dieses Verödete um sie, diese schweren weichen Formen und diese Müdigkeit! Er stockt, kein einziger Einfall fliegt ihm jetzt zu, er sackt in sich zusammen.

«... Wie geht's ...» Er verheddert sich hilflos, probiert es noch einmal, gibt wieder auf. So stehen sie einander gegenüber. Eine Begegnung im Walde, denkt der Valentin. Und er sagt sich innerlich den Text einer Episode auf:

Wer sind Sie?

Wer sind *Sie*?

Wer *Sie* sind, will ich wissen.

Und ich will wissen, wer *Sie* sind.

Ich *bin* wer.

Ich bin *auch* wer.

Aber wer?

Glauben Sie vielleicht, ich bin *niemand*?

Das *können* Sie nicht sein.

Können *Sie* vielleicht niemand sein?

Ich nicht!

Und ich *auch* nicht.

Nun ja, dann sind wir aber *doch* wer.

Wer?

Sie und *ich*.

Die Liesl flüstert was von Angst und Bedrohung, jammert, daß sie nie mehr gesund werden könne, daß immer was hängenbliebe. Der Valentin plagt sich redlich mit Beschwichtigungen, doch im Inneren hat auch er Angst. Die Faszination für «Erbgesundheit», das neue Gesetz zur Verhütung erbkranken Nachwuchses; die Liesl verkörpert keineswegs dieses Gesundheitsgesetz. Gunna Wendt in ihrer Karlstadt-Biographie: «Professor Oswald Bumke, der die Klinik von 1924 bis 1945 als Nachfolger von Emil Kraepelin leitete, entschied, daß ein Antrag an das Erbgesundheitsgericht deshalb nicht geboten sei, weil die Patientin nach einer 1930/31 durchgeführten Gebärmutteroperation nicht mehr fortpflanzungsfähig erschien.»

Leichter Schweiß bricht dem Valentin aus.

Er gibt der Liesl die Blumen in die Hand. Die Liesl legt sie auf den Tisch. Eine unbändige Traurigkeit überkommt jetzt den Valentin. Die Liesl ist doch so viel gscheiter und gstanden-bayrischer als er, so abgerundet! Die hat nie so verquer gedacht wie er. Die verfluchte Eifersucht war es bei ihr.

Der Valentin steht da. Die Liesl sagt nix. So bleibt er noch eine halbe Stund, obwohl er diesen Stationsgeruch nicht mehr aushalten kann, diese trostlose Wartezimmeratmosphäre und den scharfen Dunst der Gefangenschaft, der das ganze Haus durchtränkt.

«Au weh», denkt er dann und sagt laut: «Liesi, ich brauch dich doch, werd bloß wieder gsund. Ich möcht mich wieder festhalten können an dir. Dich wieder glücklich sehn.»

Sie schaun sich ins Aug.

«Zerst sagt sie nix mehr, dann er nix mehr, und dann wechseln sie das Thema und schweigen von was anderem», wird er notieren. Dann haut er ab, hastig nimmt er die Treppen, ein Taschentuch an die Nase gepreßt.

Zu Haus angekommen, hustet er sich fast das Beuschl raus.

Gleich drauf kommt die Gisela mit dem aufgelösten Pulver im Glas und einem aufgewärmten Bier. Sie bringt ihm die Decke und wickelt ihn ein.

«Und wie geht's ihr?» fragt sie.

«Hundsmiserabel.»

«Des wird scho wieder.»

Später, im Bett, springt er hurtig und listig in einen Traum, damit ihn die Gisela nicht findet.

15. KAPITEL

Atemnot

Veranstaltungen und Paraden / Massenfeierlichkeiten,
Liturgien und eine theatralische Politik / Säuberung der
Kultur / in München 1937 die Ausstellung «Entartete
Kunst» / Allenthalben Verbannung von Häßlichkeit,
menschlicher Qual, Not und Pein / zugunsten der Idylle /
Ein Volk, ein Reich, ein Führer / Rassenreinheit und
propagierte Überlegenheit deutscher Kultur / Fahnen,
Hakenkreuze und Marschsäulen der Wehrmacht / eine
Glitzerfassade / hinter der sich das Grauen von Dachau
verbirgt / Verwaltungsräume und Folterkeller / die finstere
Welt der SS / Rasse- und Siedlungshauptämter /
Euthanasie-, Konzentrations- und Endlösungspläne / der
unmenschliche Kampf gegen die Gegner des Regimes / In
erster Linie die Juden / Spannung, Kriegsangst / Krieg /
Braune Hemden und blauer Himmel in München ...

Während Hitler einen außenpolitischen Sieg nach dem andern verbuchen kann, wechseln sich der Valentin Karl und die Liesl mit Krankheiten ab. Die Liesl hofft auf die heilende Kraft der Distanz und macht vom Oktober 1936 bis zum Januar 1937 einen Erholungsurlaub in Berlin. Sie versucht noch einmal, zusammen mit dem Valentin im Kabarett Benz aufzutreten und einmal sogar im Bayerischen Rundfunk. Dann widerfährt ihr ein neuerlicher Nervenzusammenbruch, neue Magenkrämpfe und Krisen. Den Valentin wirft es Herbst 1938 und Februar 1939 aufs Krankenbett, die Karlstadt erkrankt in Bad Tölz. Sie trägt schwer an der sich

abzeichnenden Trennung und seiner Zuwendung zu Annemarie Fischer, mit der er 1939 die Ritterspelunke eröffnet.
Die Liesl tritt noch einmal in Alfred Gondrells Bonbonnière
auf, unter starken Magenbeschwerden. Der Arzt rät ihr zu
einer Erholungskur im Gebirg. Sie emigriert in die Berge:
Von 1941 bis 1943 lebt sie auf der Ehrwalder Alm.

Der Valentin zieht sich in sein Haus in Planegg zurück.
Sieben Jahre lang wird er nicht spielen. Er geht kaum mehr
in die Stadt in sein altes Revier. «Weil er sich», so hat's die
Liesl später einmal gesagt, «überhaupt nicht mehr in die
Stadt reintraut hat, wegen der Bomben.»

Dem Valentin tut's leid um sein München und sein
bayerisches Land. Das drückt ihn ganz nieder, abgesehen davon macht ihm der Faschismus mit seinen Unberechenbar-
keiten und seiner Gewalt angst. Erich Engels hat in seinem
Erinnerungsbuch «Philosophie am Mistbeet. Ein Karl-Valen-
tin-Buch» ein paar Dialoge festgehalten, die der Valentin
Karl und die Liesl vor der Kamera improvisierten:

Liesl: Anständige Menschen lernt ma überhaupts nimma
kenna.
Valentin: Net amal mehr unanständige.
Liesl: Aber Eahna kenn i scho.
Valentin: Ja mei – glauben S' mir, am besten san die Men-
schen dran, de wo gar net geborn wern!
Liesl: Ja, die hams freili guat.
Valentin (tiefsinnig): Aber des san nur wenige, die wo net ge-
born wern. I kenn nur geborene Menschen.
Liesl: Ungeborene kenn i aa net.
Valentin: Einige kenn i scho, aber nur einige!
Liesl (melancholisch): Waar vui besser, i waar aa net geborn!
Valentin (trocken): Vui besser!

Michael Schulte sieht in diesem Dialog einen Vorläufer
der späteren «unkomischen» Valentin-Texte der Kriegs- und
Nachkriegszeit, in denen Valentin aus seiner Menschensicht
kein Hehl macht, und entdeckt in dieser Passage Valentins

«hellsichtige Beurteilung des Faschismus». Eindeutig ist Valentins Einstellung zum Faschismus keinesfalls, dazu ist er viel zu donquijotesk.

Er bleibt beim Menschen und scheint sich zu denken: Zeitfragen erledigt die Zeit. Doch als einmal sein Kapellmeister, der einen Marsch von Leo Fall bringen soll, dies aus rassischen Gründen verweigert, sagt der Valentin sauer: «Nur gut, daß der Edison kein Jud war, sonst könnt man heut wieder Petroleumlampn anzündn.»

16. KAPITEL

Rückzug

Am 12. März 1938 marschiert die Deutsche Wehrmacht in Österreich ein / auf der Münchner Konferenz erhält Deutschland das Sudetengebiet zugesprochen / 1939 besetzt die Wehrmacht die «Rest-Tschechei» / und marschiert in Polen ein / Die Westmächte erklären Deutschland den Krieg / gedrückte Stimmung auf den Straßen / 1941 erklärt Hitler den USA den Krieg / Kriegsalltag / Militarisierung des öffentlichen Lebens / Appelle an volksgemeinschaftliche Solidarität / rationierte Lebensmittel / Nachrichten aus Volksempfängern / seichte Ablenkungskultur / zwischen «Lili Marleen», Marika Rökk und Otto Gebühr / und hinter allem der Rassenkrieg / München wird Luftkriegs-Frontstadt / und 1943 fallen auch tagsüber Bomben / ...

Der Valentin tut, was dem einzelnen noch zu tun bleibt. Er zieht sich zurück, kapselt sich nach außen ab, beschränkt sich auf die Sicherung des Überlebens und wartet mit dem Auftreten, bis das Deutsche Reich in Schutt und Asche zerfällt.

Sein schönes München wird mit Wohnblock-Knackern bombardiert, 85 Spreng-, 25 249 Phosphor- und Flüssigkeitsbomben, 550 000 Stabbrandbomben. Am Königsplatz entstehen Ehrentempel für die Märzgefallenen, Führerbauten an der Meiserstraße und Plattenbeläge aus Granit – die Stadt mit ihren Parolen und Naziersprüchen an den Wänden bietet ein nationalsozialistisches Gesicht. Sogar der Führer betätigt sich kreativ und hat eine «Säule der Bewegung» entworfen, die Valentins geliebte Frauentürme zu einem Zwergendasein verdammen soll ... 1945 wird man in München 13000 zerstörte Häuser und 62000 demolierte Wohnungen zählen, und nur 1270 Häuser sind ganz ohne Schaden davongekommen.

Da war's doch ein Glück, daß er nicht zu Haus war, als die Bomben seine Wohnung am Mariannenplatz zerstört haben, aber der Schock sitzt tief. Er hält diese Nervenfolter kaum aus. Diese dauernde Verdunkelung, dieses Hocken im Keller bei den Luftangriffen. Der Schweiß bricht ihm aus vor Angst, sein Asthma wird stärker in der schimmeligen Kelleratmosphäre, dieser Luftmangel, dieser Dunst nähren seine Klaustrophobie, er fühlt sich immer enger gefangen.

Draußen ist ihm alles zu groß, zu gigantisch, nur Oberfläche, die schaurige Welt des «arischen» Jahrtausends, eine Welt der Brutalität und des Kitschs. Steckte er nicht in dieser Angst und lähmenden Depression, jucken tät's ihn, sich diese Gloriolenworte wie «Sippe», «Untermensch» oder «Gesichtserker» vorzunehmen, dieses Deklamieren, dieses Ergriffensein, dieses Brüllen, dieses Tremolo, diese grauenhaften und grotesken alltäglichen Situationen.

Der Valentin ist vorgealtert, müd und verbraucht. Die Welt ist finster, auch in ihm verfinstert's sich immer mehr.

Er macht die Lippen noch schmäler, als sie schon sind, und sitzt unglücklich da, die Stirn gefurcht, das Gesicht traurig verzogen. Die Augen glänzen feucht. In den Augenwinkeln nistet ein abgelebtes Verlangen. Rein nix is ihm gelungen. Nur das Nichtgelingen darzustellen, hat er geschafft.

Er ernährt sich und seine Familie mit Schreinerarbeiten, arbeitet an der Drehbank, an der er ein wahrer Meister ist, verfertigt Schüsseln, Brettchen und Dosen, ja, selbst die Deutsche Ministerpräsidentenkonferenz in München im Juni 1947 wird, mangels Requisiten, anstelle einer Glocke mit einem Holzhammer aus der Hand Valentins eröffnet.

Es reicht weder vorn noch hint, und an Erich Engels

Karl Valentin und Liesl Karlstadt, Valentins Hund in einem Berliner Restaurant, 1936: Zunehmende Entfremdung, schließlich die Trennung.

schreibt er: «Wir schlachten die letzten Wanzen ...» Alfons Schweiggert hat in seinem Buch «Karl Valentins Stummzeit» eindringlich beschrieben, wie kärglich Valentin und seine Familie lebten. Sein Verdienst ist auf 800 Mark im Jahr geschrumpft, das heißt auf 66 Mark monatlich, und als er einmal von einer Zeitung für einen kleinen Beitrag 5 Mark angewiesen bekommt, bedankt er sich ironisch für den «großen Batzen Geld». Nicht mal ein Stück Seife. Sein ironischer Brief an den Seifenfabrikanten Alois Leiss (... «ich bin ... so voll Dreck, daß die Leut mit schmutzigen Fingern auf mich deuten ...») mit der Bitte um «ein oder zwei Stückchen Abfalltoilettenseife». Die Gisela, die nicht weiß, was einkaufen, mit 30 Pfennig in der Tasche.

Dennoch. Das einzig Schöne am Krieg, denkt er, sind aus der Ferne die Bomben. Wenn alle in den Luftschutzkeller hasten, steht der Valentin manchmal draußen auf einer Wiese oder einem freien Platz und blickt trotz seiner Angst mit unverhohlenem Vergnügen verzückt zum Himmel hoch zu den brennenden Büschen und Blumen, aus bunten Leuchtkugeln zusammengesetzt, den strahlenden Christbäumen am Firmament. Wenn's am Himmel so richtig kracht und strahlt und Granatsplitter durch die Lüfte sausen, die ersten Dachstühle zu brennen beginnen, wird dem Valentin ganz warm ums pyromanische Herz.

Sonst hat er mit dem «Tausendjährigen Reich» wenig am Hut, Braunhemden mag er ned, und bei der nationalsozialistischen Kapelle hat er nie mitgespielt, auch nicht die Liesl, dazu waren sie beide zu eigen, verstrickt in ihre abstruse Welt. Außerdem hat er die matten Militärwitze, wie sie der Weiß Ferdl auf der Bühne opportunistisch vom Stapel gelassen hat, nie leiden können. Der hat sich doch nur beim Volk einschmeicheln wollen mit seiner Gefolgschaftsverherrlichung und schon vor 1933, als es noch gar nicht nötig gewesen wär, auf die völkische Trommel gehaun.

Na, revolutionär samma ned. Aber auch zum Hofnarrn

wenig geeignet. Den Hitler gewählt hamma. Aber in der Partei samma ned.

Der Valentin trinkt abwesend sein Bier und schnitzt an dem Bleistift weiter. Spitz ist der schon längst. Aber es war schon eine feine Sache, daß er auch Nazis als Publikum in seiner Ritterspelunke gewonnen hat – wenn die das mögen, was er spielt, was kümmert's ihn? Der Valentin ist schließlich Unternehmer, und als solcher ist er immer zum Geschäftssinn sozusagen gezwungen gewesen.

Oskar Maria Graf schildert ein Interview eines Münchner Redakteurs mit Valentin, in dem jener fragt, was er getan hätte, wenn die Mitglieder der Nazipartei auf ihn zugekommen wären, ob er dann Mitglied der Partei geworden wär. «Dann schon, wissen S'», hat der Valentin gesagt. «Aber sie sind gar nie kommen.» Und als der Journalist ungläubig lächelt: «Ja doch! Wenn's sein müssen hätt natürlich, weil i eben Angst gehabt hätt, wissen S', Angst!» hat der Valentin gestanden.

Und zu Werner Friedmann, so schrieb er in seiner Lokalspitze 1946 in der Süddeutschen Zeitung, hat der Valentin gesagt: «Das war ganz einfach a Maßl, daß i net bei da Partei war. … A Komiker muß halt neutral sein. Aber wenn mi oana zwunga hätt, dann war i halt wahrscheinli a neiganga, weil i mi gfürcht hätt, daß mi eisperrn.»

Der Valentin laßt den Bleistift Bleistift sein und geht zu seiner Korrespondenz. In der Küch hört er die Gisela hantieren. Das Enkerl schreit.

Wie eine Versuchung war der Leib-und-Magen-Photograph vom Hitler, der Heinrich Hoffmann, an ihn herangetreten, und hat gesagt, daß ihm sein Programm gefällt. Der Mann war recht umgänglich und hat es nicht nur gut mit ihm, sondern auch mit der Annemarie gemeint. Die hat er einmal zu sich eingeladen, da ist auch der Hitler gekommen.

Der hat ihm offenbar ihren früheren Zwist vergeben. Das war 1932 oder so gewesen. Da hat der Hitler nach einer Kabarettvorstellung dem Valentin ausrichten lassen, daß ihm sein Programm gefällt und daß er dabei lacht. Da hat der Valentin dem Hitler bestellen lassen, ihm leider ging's nicht so, er hätt bei Hitlers Reden wenig zu lachen.

Darauf, so heißt es, sei er bei den Nazis in die Ächtung gefallen. Trotzdem hat der Hitler nicht umhin können, seine Alt-Münchner Stereoskopsammlung im Künstlerhaus zu bestaunen. Das rechnet ihm der Valentin noch heut hoch an.

Jetzt hat er den Brief, den er kurz nach Kriegsbeginn an den Direktor des Historischen Stadtmuseums geschrieben hat. Und der hat sich nicht entblödet, den Brief sogleich zu publizieren, damit ihn auch jeder lesen kann.

Der Valentin bekommt einen roten Kopf und liest.

«... Der Führer und Reichskanzler Adolf Hitler besichtigte am 18. November 1939 die große Alt-Münchner Stereoskopensammlung von Karl Valentin zu München. Der Führer war begeistert von diesem schönen Kulturdokument und beauftragte Herrn Professor Heinrich Hoffmann, er solle dafür sorgen, daß in jeder Groß- und Kleinstadt alle alten Stereoskopenbilder von Privat gesammelt werden, und zwar von 1850 bis 1900, die ständig zur Ausstellung kommen, damit die junge Generation Gelegenheit hat, einen Blick in die Vergangenheit der deutschen Baukunst zu tun.» Dann folgt eine Schilderung seiner Sammlertätigkeit.

Er verwertete nur die Münchner Bilder und schickte die anderen kostenlos an die betreffenden Museen. Der Brief endet mit dem Appell an die Mitbürger, ihm solche Bilder, sofern sie im Besitz seien, zukommen zu lassen: «Mit Deutschem Gruße – Karl Valentin.»

Damals wohnte er noch am Mariannenplatz, das Haus haben sie ihm zerbombt.

Der Valentin ordnet den Brief wieder ein und schnitzt weiter am Bleistift herum.

Der Brief hätt nicht sein müssen, das stimmt. Wenn den Hitler meine Stereo-Bilder so freun, hab i gedacht, dann is a weder bös noch dumm.

Der Valentin spuckt vor sich selber aus.

«Du Hund», murmelt er zwischen den Zähnen, «Sauhund vermaledeiter», und er weiß selber nicht, ob er den Hitler meint oder sich. Der Valentin ist nämlich leidenschaftlich gern weltfremd und kann vor Sonderlingshaftigkeit manchmal die Orientierung verlieren, das hat er auch ganz schön kultiviert. Er ist empfänglich für Ehre, weil er so wenig kriegt. Eines Abends haben ihm zwei Herren 50 000 Reichsmark als Unterstützung versprochen, doch zuvor, so hat er dann erfahren, sollt er ins Künstlerhaus kommen und mit dem Weiß Ferdl zusammen ein paar Kostproben seines Könnens vor Gauleiter und Staatsminister servieren.

Da hat er passen müssen, und der Weiß Ferdl hat einen Soloabend gehabt.

Aus dem Geld ist dann nix geworden, obwohl die Annemarie interveniert hat. Also hat der Valentin einen Bittbrief geschrieben, denn diesmal war's bitterer Ernst: Er wollt seine Ritterspelunke wiedereröffnen, die er infolge Schulden hat schließen müssen, wollt wieder Filme drehen. Der Brief endet mit der Bitte um Geld, «damit ich allen Volksgenossen noch recht fröhliche Stunden bereiten kann! Heil Hitler – Karl Valentin.»

«Was, du schreibst ‹Heil Hitler›?» Das, so erzählt die Annemarie Fischer, hat sie zum Valentin gesagt. Da hat er die Feder nochmals genommen und hinter seinen Namen rasch das Wort «Komiker» gesetzt.

Karl Valentin, Komiker. Das ist immer richtig, im Leben wie im Spiel. Das gibt ihm alles, was er braucht. Diese Berufsbezeichnung ist ihm jetzt eine Stütze. Da kann er sich anlehnen. Was immer mit ihm geschieht, das Wort «Komiker» kommt allen Widersprüchen zustatten.

Der Bleistift ist nur noch halb so lang.

Zum Revolutionär taug i ned! sagt sich der Valentin. Sich selbst gegenüber kann er gnadenlos sein, aber nach außen, da ist er wie ein Kind, das Anerkennung und Teilnahme braucht. Immerhin hat er einmal von den Nazis acht Tage Berufsverbot bekommen, denkt er zufrieden. Da hat er's den Braunen aber gegeben: «Liebe Leut», hat er bei seinem nächsten Auftritt gesagt, «ich kann net mit euch sprechen, es ist mir verboten worden, mit euch zu reden und aufzutreten. Da fährt ein Auto über den Stachus, wie ich noch nie eins gsehn hab, so elegant, so teuer und kostspielig, kostbar überhaupt, und in dem Auto war kein Nazi am Steuer, keiner dem's ghört hat, und da soll ma net sagen, das war nicht richtig. Denn der, welcher in dem Wagen gesessen hat, das war ein Nazi.»

Solcherart ist Valentins Berichtigung, und er sagt damit den Leuten, daß es in München kein Auto mehr gibt, in dem nicht ein Nazi der Besitzer ist. Das ist seine Form des revoltierenden Ingrimms. Bei seiner Lokalgebundenheit und seinem passionierten Münchnertum ist das, wenn man so will, für Münchner Verhältnisse durchaus revolutionär, denn die Abweichler vom Gleichschritt sind dort dünn gesät.

Da kann die Liesl dem Valentin das Wasser reichen, und ihre in Michael Schultes Valentin-Biographie erstmals veröffentlichte Persiflage auf Hitler-Reden über die «deutsche Laugenbretzel» – das resch gebackene Erzeugnis einer Bäckerstochter – könnte manchem Münchner, der sich vom Faschismus hat auffressen lassen, im Magen liegen:

«Die deutsche Laugenbretzel ist nicht nur gesund, sie ist auch bekömmlich – dem deutschen Arbeiter, dem deutschen Bauern, dem deutschen Studenten, und nicht zuletzt gedenk ich der deutschen Frau – der deutschen Mutter. Parteigenosse Dr. Goebbels hat schon bei seiner ersten großen Propagandarede auf der Hochzeit zu Kanaan die Bedeutung der deutschen Laugenbretzel hervorgehoben, und somit ist es Ehrenpflicht sämtlicher nationalsozialistischer Verbände und Formationen, sich in Zukunft nur von deutschen Laugenbretzeln zu ernähren – und dann wird sich endlich auch der Katholizismus zur deutschen Laugenbretzel bekennen müssen, ob er nun will oder nicht. Hier heißt es biegen oder brechen. Heil-Heil-Heil!»

Seine Hände hängen abwärts, der Bleistift liegt gestutzt auf dem selbstgemachten Tisch. Seine Hände schaun ihn fragend an, irgendwie verwundert, weil sie ohne eine Arbeit sind. Geschwind greift der Valentin wieder zum Schnitzmesser und zum Bleistiftstumpf.

Im Spiegel gegenüber sieht er sich, a Gsicht wie a Ziehharmonika. In seiner Verzweiflung hat er noch einmal an den Staatsminister geschrieben: «Nachdem es dem Münchner Volkskomiker Karl Valentin aus Gesundheitsrücksichten leider versagt geblieben ist, den deutschen Soldaten an der Front frohe Stunden zu bereiten, erlaube ich mir, den Vorschlag zu unterbreiten, ob es nicht möglich wäre, einen Kurztonfilm … herzustellen.» Der Valentin seufzt. Wieder nix. Trotz seines lockenden Nebensatzes: «… zur Erheiterung der Soldaten würde Karl Valentin sicherlich gern beitragen …»

An Schmarrn. Der Valentin gäb was drum, wenn er ein bisserl weniger ängstlich wär. Ein leichter Zug von Sarkasmus spielt um seinen Mundwinkel.

Trotzdem geht der Valentin jeden Morgen hinunter zu seiner Post, öffnet hastig die Briefe und schaut, ob's etwas Wichtiges ist. Und eines Morgens findet er einen amtlichen Brief. Es ist der Auftrag, jeden Monat einen Artikel für die «Münchner Feldpost» zu schreiben, ein Organ des gehaßten Militärs. Für jeden Artikel werden ihm 75 Reichsmark versprochen.

Es wär leichtsinnig, abzusagen, denkt der Valentin, denn ich brauch das Geld, eine Zeit könnt kommen, da wirst krank. Doch korrumpiern laß ich mich deswegen ned!

Der Valentin sagt, was er will, und bringt seine pazifistischen Gedanken mitnichten zum Schweigen. Im Grunde eine Ungeheuerlichkeit, straflos die Wehrkraft dermaßen zu zersetzen, manch einer wurde dafür mit dem Tode bestraft, und auch die Redaktion hat sich, mangels Zensur, äußerst lax verhalten.

Nicht ohne Stolz holt der Valentin sein letztes Machwerk, an dem er bis zuletzt gefeilt hat, aus der Mappe, einen Brief an die «Sehr geehrten Soldaten», denen er aus der Heimat schrieb. «Mir geht es persönlich eigentlich nicht fast ganz gut. Es hat sich bei uns nicht besonders viel Neues ereignet. Gestern vormittag hat sich die Frau Wimmer einen Zahn reißen lassen – es geht ihr aber schon wieder bedeutend besser, und am Tage vorher ist ihr vor ihrer Wohnungstür der Fußabstreifer gestohlen worden; noch dazu wo ihr Mann im Felde steht. Vor drei Tagen war ich im Kino, da wurde ein wunderbarer Film gegeben. Leider habe ich denselben nicht gesehen, weil plötzlich ausverkauft war. Gemüse gibt es momentan sehr wenig, weil die Sauerkrauternte voriges Jahr nicht unbedeutend zu wünschen übrigließ.»

Und später heißt es:

«Unser Radio geht jetzt wieder sehr gut, weil wir eine neue Röhre hineingekauft haben. Der Lautsprecher ging zu leise. Nun bereitet uns der Radio wieder einen schönen Empfang. Besonders die Übertragung aus Laibach verfolgen wir mit rigorosem Interesse, und es wirkt geradezu erfrischend und wohltuend, wenn er sich äußert: ‹Mit baldiger Entwarnung ist zu rechnen.› Noch schöner wäre es für uns, wenn er sagen würde: ‹Mit baldigem Frieden ist zu rechnen.› Wie würden sich da die Überlebenden freuen.»

Doch vieles, was zeigt, daß aus dem Valentin beinah ein politischer Kopf geworden ist, ist erst nach dem Krieg entstanden. Zum Beispiel «Ihr Kampf», den Schulte als «Bekenntnisliteratur eines Linken» einstuft:

V.: Na, Frau Braun, wie geht's Ihnen denn?

B.: Schlecht.

V.: Stimmt was nicht?

B.: Stimmen? Sie wissen doch – meine unglückliche Ehe –

12 Jahre lang hat mich dieser Schuft an der Nase herumgeführt, und jetzt steh ich da mit meinem Haufen
Kinder – betrogen und verlassen.

V.: Ich verstehe nur das eine nicht, daß Sie diesem
Schwindler so lange Ihr Vertrauen geschenkt haben. Sie
waren eine reiche Frau und er ein armer Habenichts.

B.: Ja, das kann ich schon verstehen, weil er mir, als ich
ihn kennengelernt habe, den Himmel versprochen hat,
und jetzt hab ich die Hölle.

V.: War er denn wirklich so gemein?

B.: Gemein reicht gar nicht. Ich hab doch einen schönen
Batzen Geld mit in die Ehe gebracht, das wissen Sie
doch.

V.: Freilich weiß ich das, ich kenn doch Ihre Verhältnisse,
ich weiß doch auch, wie Sie ihn kennengelernt haben.
Mit seinen schönen Reden hat er Sie überlistet, hyp-
notisiert könnte man beinahe sagen.

B.: Ja, nicht nur er allein hat es auf mein Vermögen abgesehen gehabt, seine netten Freunderln dazu.

[...]

V.: Und Sie haben ihn nie zur Rede gestellt, was er eigentlich mit Ihnen vorhat?

B.: Zur Rede gestellt? – Da hätt ich mir nie was zu sagen getraut – bei seiner Herrschernatur – ein unrech-
tes Wort wenn ich nur gesagt hab, dann ist er wie ein
Besessener im Zimmer auf und ab gerannt, hat ge-
schäumt vor Wut – einmal hat er ins Tischtuch hinein-
gebissen vor lauter Zorn – und hat mir in der Wohnung
alles kurz und klein geschlagen.

V.: Und das haben Sie sich bieten lassen?

B.: Natürlich – aus Angst und Furcht hab ich alles über
mich ergehen lassen. Scheiden lassen wollte ich mich
von dem Tyrannen nicht, meinen Kindern zuliebe.

V.: Das war ja ein zwölfjähriges Hundeleben, was Sie hinter sich haben.

B.: Das kann man wohl sagen.

V.: Ja, haben denn die Nachbarn, wo Sie gewohnt haben, das gewußt, wie es bei Ihnen zugeht?

B.: Freilich. Ein paar haben ja sogar zu ihm geholfen, aber die letzten Jahre haben auch die von ihm nichts mehr wissen wollen.

V.: So – Frau Braun –, man könnte an Ihrem normalen Geisteszustand zweifeln, daß Sie 12 Jahre all das Schreckliche mit solcher Geduld ertragen haben. – Sie sind im wahren Sinne des Wortes eine Märtyrerin.

B.: Eine Märtyrerin? Ein Rindvieh war ich 12 Jahre lang.

V.: Stimmt – aber trösten Sie sich, wie winzig ist ein Menschenschicksal gegen ein Völkerschicksal.

Der Valentin schlingt rasch ein Stück Brot runter. Dann geht er an seinen Schreibtisch, öffnet das Geheimfach und holt die Seiten hervor, an denen er schreibt: eine Szene zwischen Vater und zwölfjährigem Sohn, die er erst nach Kriegsende fertigstellen wird.

SOHN: Du, Vata, werdn die Soldaten auch gfragt, on s' an Krieg wolln?

VATER: Naa! Die Soldaten werden nicht gfragt, die müssen in den Krieg ziehn, sobald er erklärt ist – mit Ausnahme der Freiwilligen.

SOHN: Müssen die Freiwilligen auch schießen im Krieg?

VATER: Nein – ein Freiwilliger muß nicht, der schießt halt, weil im Krieg geschossen werden muß.

SOHN: Dann müssen s' ja doch!

VATER: Aber nur freiwillig muß er!

Ein kleiner Auszug aus einem Stück Valentins, in dem er dem Volk Punkt für Punkt die Absurdität des Krieges vorführt. Nichts ist da zufällig, eine Absurdität ergibt sich aus der anderen, bis sich die Menschheit in einem Kamikaze-Akt selbst auslöscht. Der zwölfjährige Sohn erschließt uns mit der dem Kind eigenen neugierigen Fragerei den ganzen

plumpen Schwindel. Die perfide Logik des Kabinett-
stückchens endet in seltener Einigkeit:

SOHN: Aber Vata, wann das so ist, wie du mir das alles er-
klärst, gibt es ja niemals einen ewigen Frieden auf der Welt.

VATER: Niemals – deshalb heißt es ja doch: Solange es Menschen gibt, gibt es Kriege.

SOHN: Menschen? Nein, Vata – in dem Fall müßte es
heißen: Solange es Arbeiter gibt, gibt es Kriege.

VATER: Nein, es muß heißen, solange es solche Schwindler
gibt, die die Arbeiter immer wieder anschwindeln, so
lange gibt es Kriege.

SOHN: Dann ist ja der Schwindel schuld an den Kriegen.

VATER: Ja, so ist es – und diesen Schwindel heißt man inter-
nationalen Kapitalismus.

SOHN: Kann man den denn ausrotten?

VATER: Nein! Höchstens mit Atombomben, die die ganze
Welt vernichten!

SOHN: Gell, Vata – aber der wunde Punkt ist halt der: Wer
macht zum Schluß die Atombomben?

VATER: Natürlich auch wieder die Arbeiter.

SOHN: Wenn sich aber die Arbeiter auf der Welt einig
wären, gäb's dann auch noch Krieg?

VATER: Nein – dann nicht mehr – das wäre der ewige Friede.

SOHN: Aber gell, Vata – die werden nie einig.

VATER: Nie!

Der Valentin geht an die Hobelbank und schnitzt weiter an
seinem Holzlöffel, mit einer Hingabe und Frömmigkeit im
Gesicht, als schnitzte er an einer Heiligenfigur.

Dann holt er den Bleistiftstumpen, schnitzt dran rum, bis
er nur noch so groß wie ein Fingernagel ist, und steckt ihn in
seine Rocktasche zum Schreiben.

Hunger. Lebensmittelknappheit. Abgenützter Arbeitsrock. Gisela an Brustkrebs erkrankt. Bettelbriefe. Tischler und Scherenschleifer. Kohlennot. Der Valentin will niemand mehr sehen. Rückzug. Verbitterung. Verzweiflung. Er sitzt zu Haus mit einem Riesenpacken Dynamit, der jeden Augenblick losgehen kann, und das ist er selbst. Alles ist ihm in Unordnung geraten.

Als ihn im Herbst 1946 Reporter der Schweizer Illustrierten Zeitung besuchten, so berichtet Alfons Schweiggert, fanden sie ihn in desolaten Verhältnissen vor. «Das Milieu, in dem Valentin seit Kriegsende lebte, ist fast nicht zu beschreiben. Überall lagen Bühnenrequisiten herum, Trompeten in allen Größen und Formen, Pauken, Gipsplastiken, vergilbte Lorbeerkränze mit seidenen, halb vermoderten Bändern, deren Goldinschriften kaum mehr lesbar waren. Die Wände waren tapeziert mit allen möglichen Filmplakaten und Aushängeanzeigen ... Relikte aus dem Fundus seines Panoptikums, Ritterrüstungen. ‹Und dies hier, die letzte Guillotine, mit der man in Hamburg den Schurken noch im 18. Jahrhundert den Kopf abgeschlagen hat ...›»

17. KAPITEL

Leutnant Gustl

*Die deutschen Armeen haben sich / vor Moskau
festgerannt / und der Sieg rückt immer ferner / Die NS-
Propaganda sucht Freiwillige für den Kampf / An der
Münchner Universität / bildet sich die Widerstandsgruppe
Weiße Rose / und die Liesl Karlstadt stimmt in
Bayern / das «Heldenlied der Gebirgsjäger» an ...*

Die Liesl wird von den Vögeln geweckt. Manchmal ist es
auch umgekehrt, daß sie die Vögel weckt, weil sie so früh
aufsteht, um noch allein im einzigen Waschraum zu sein.

Rasch wäscht sie sich mit dem eiskalten Wasser, zieht
Hemd und Pullover, eine gefütterte Jacke, lange wollene
Strümpf und dicke Hosen mit gefütterten Stiefeln an, setzt
sich ihre Mütze auf, verläßt das Offizierszimmer und geht
raus.

Mein Gott, was für ein Morgen! Tausende von taube-
tropften Gräsern, Schlüsselblumen, die Spinnweben im
Wind wiegen, winzige glänzende Pagoden. Die Vögel grüßen
sie vom Hüttendach mit ihrem fröhlichen Gezwitscher, ein
Fink fliegt über die Pferdetränke. Unten rauscht der Bach,
und in der Höh gleißen die Berge, die Spitzen noch voll
Schnee. Über den Zacken im Osten zeigt sich schon die
halbe Sonne.

Die Liesl hält den Atem an, so schön ist das. Im Winter
hat sie noch im kleinen Revuetheater Adolf Gondrells bis
zum Umfallen gespielt, mit Magenkrämpfen und Schmerzen, zwei Monate lang. Da hat ihr Hausarzt sie beschworen,

einen Erholungsurlaub anzutreten, und der Pianist vom Simpl, Magnus Henning, hat ihr seine Wohnung in Ehrwald in Tirol empfohlen.

Daraus werden dann drei Jahr auf der Ehrwalder Alm, unterbrochen von «Urlaub» in aller Form, davon ein halbes Jahr Engagement im Volkstheater in München, wo sie in Carl Borro Schwerlas «Graf Schorschi» die Blumenhändlerin Graf gibt.

Die Zeit in Berlin, das kurze Gastspiel im «Benz» zusammen mit dem Valentin, das alles hat sie erneut in die Krise geführt. Obwohl der Valentin diesmal fast um sie geworben hat. Dann hat er aufgegeben und resigniert in einem Brief geschrieben:

«Ich hatt einen Kameraden
1911–1935
K. Valentin.»

Im Stall wiehert der Panther, ihr schwarzes Lieblingsmuli. Dieser Hallodri! Seinetwegen ist sie eigentlich desertiert. Rasch geht sie in den Stall, mistet ihn aus, putzt und füttert die Tiere.

Dann hat ihr Dr. Ralf Badenhausen, Gustav Gründgens' Chefdramaturg, seine Begleitung angetragen, und gemeinsam haben sie Ausflüge und Skitouren unternommen, schließlich macht sie ihre Ausflüge allein. Da ist sie zum erstenmal dem Panther, ihrem Lieblingsmuli, begegnet. Eine kleine Karawane ist ihr entgegengekommen wie eine Vision:

Zwei Gebirgsjäger, zähe, kräftige Burschen mit ihren Keilhosen, Skimützen mit dem Edelweiß. Die Soldaten führen zwei schwerbepackte Mulis, eines heißt Panther. Die Liesl bleibt stehen und schaut dümmer als ein Auto. Sie staunt, wie leicht und sicher die Tiere über die Steilhänge traben, mit wieviel Instinkt sie an gefährlichen Stellen stehenbleiben, ehe sie ihre Hufe setzen. Das nächste Mal spricht sie der Wachtmeister Leinböck an und lädt sie auf die Ehrwalder Alm ein.

Erst hat sie im Gasthof Zum Alpenglühn gewohnt und hat Abend für Abend mit wachsendem Vergnügen mit den Soldaten am Stammtisch gehockt. Mit Witzen und Späßen kennt sich die Liesl aus, da ist niemand besser als sie, sie kann ganze Kompanien unterhalten. Doch vom ersten Augenblick ihrer Entdeckung an ist ihre ganze Liebe bei den Tieren, jeden Tag kommt sie in den Stall, hilft beim Putzen und Füttern, bis sie's am End selber übernehmen darf, zu füttern, auszumisten und zu pflegen.

Es ist ein Paradies. Dieser betäubende Duft, diese herrliche Almwiese, die erfrischenden Abende in der Hütte! Weit weg die düstere Ritterspelunke, der Abschaum des Panoptikums, die griesgrämige Miene vom Valentin, der verkommene Krieg, die Bomben.

Zum Spaß bekommt sie im Februar 1941 einen «Mulitreiber-Führerschein» von ihren Gebirgsjägern, mit einem richtigen Dienstsiegel drauf. Ihre neuen Freunde taufen sie in Gustav um. Die Liesl ist kurz darauf ins Offizierszimmer der Diensthütte gezogen. Steht jeden Morgen um fünf Uhr auf und geht in den Stall. Und weil sie sich in ihre Arbeit reinkniet, mit großer Besessenheit, wird sie in einer lustigen Zeremonie zum Gefreiten befördert.

Die Leut im Dorf reden. Mann oder Frau? Ein Mädchen vom Dorf soll sich in die Liesl verschaut haben. Und dann das Gerücht, der neue Mulitreiber sei die Liesl Karlstadt … Das hört auch der Kompaniechef Schleif in Oberammergau, er taucht in der Hütte auf und knöpft sich die Liesl vor. Wer sie sei? Liesl Karlstadt? Und auch noch Gefreiter? Doch von Straf oder Aberkennung des Ranges ist nicht die Rede, die Liesl wird vielmehr befördert: Obergefreiter Gustav, am End gar Stabsgefreiter, diesmal via Feldpostbrief aus Rußland im Filserbriefstil, verfaßt von Willi Schleif, inzwischen selbst zum Major befördert.

Die Gebirgsjäger, Teil der Wehrmacht. Bayerns Beitrag zur Gipfeldunkelheit. Hüttenabende unter dem Motto: Der

Frieden ist schrecklich, genießt den Krieg! Sonderausbildung für den Gebirgskrieg. Aus ihnen werden im Weltkrieg die berühmten Alpenkorps für die Kämpfe in den Alpen und Karpaten zusammengestellt. Eine Elite: zäh, kräftig, gewandt und schwindelfrei müssen sie sein. Ausbildung im Bergsteigen und Schneeschuhfahren. Sonderbekleidung mit Bergstöcken, Eispickeln, Seilen und Schneebrillen. Die Einzelteile der zerlegbaren Kanonen werden auf die Mulis verladen: je ein Tragtier für Rohr, Vorderlafette, Hinterlafette, Rohrwiege, Schutzschilde. Bogenschützen. Schneeschuh-Spähtrupps. Minenwerfer. Eigene Telephonleitungen, die sie selbst installieren. Sprengungen und Minenkrieg spielen bei den Kämpfen um den Besitz wichtiger Gipfel eine Rolle.

Die Liesl mitten drunter. Der einzige weibliche Mulitreiber der deutschen Wehrmacht von Rang! So etwas wie ein Gebirgsjäger-Maskottchen? Ein «Landser unter Landsern?»

Ein Doppelspiel auf beiden Seiten, gespielt mit Ehrgeiz und Draufgängertum. So etwas wie ein Hindernislauf, ein Stafettenlauf, eine Prüfung; ein Abenteuer, nach oben notdürftig abgesichert, das beinah schiefläuft, als die Liesl einmal von einem preußischen Offizier wegen ihrer Uniform festgehalten wird, der androht, sie wegen Verunglimpfung der Wehrmacht anzuzeigen. Grenzgängerspiele, Gipfelbesteigungen, von der Liesl mit berückendem Schwindel vermerkt. Inbegriff schauspielerischen Höhenrausches: Pendeln zwischen Mann und Frau über Abgründen, die Zunge zwischen den Zähnen. Und die Adler über ihr.

Spielen oder sterben, das ist die Frage. Liesls Fährtenblick, aufs Überleben gerichtet. Liesl, hinter Direktheit verschanzt. Ihre volkstümliche Ader. Sie hat den in der Zeit ihrer seelischen Krankheit gering geachteten Körper in seiner Fleischlichkeit wiederentdeckt. Sie läuft, steigt auf den Berg, wandert, reitet, pumpt, hackt Holz, ist an der Sonne, fährt Schi, nimmt an Hochgebirgsübungen teil, in üblicher Überbe-

Liesl Karlstadt mit einem Gebirgsjäger auf der Ehrwalder Alm.
«Schreibe mir sofort, daß Du mir wieder so gut bist, wie Du es immer
warst. Liebe gute Lisi, schreibe mir sofort, daß wir wieder zusammen-
gehören ...» Aus einem Brief Karl Valentins an den «Stabsgefreiten» Liesl.

triebsamkeit. Auszeichnungen will und erhält sie. Lob. Beifall. Applaus. Hoch soll sie leben.

Jede Menge Mannsbilder, und das mitten im Krieg! Die Liesl ist die Stadt gewöhnt, mit ihrer Männerarmut und den vielen Frauen, Frauen bei der Eisen- und Straßenbahn, in den Ämtern und Fabriken, Frauenschlangen in den Geschäften und Frauen auf dem Schwarzmarkt. Der Valentin? («Wir halten fest und treu zusammen. Ein dreifaches Hoch der alten Firma Valentin-Karlstadt und nieder mit allem nervösen Gesindel, wie Ehrgeiz Eitelkeit-Größenwahn-Zukunftsangst pp.», hat er geschrieben.) Der soll schaun, wo er bleibt! Die Sach ist gegessen.

Die Liesl heilt sich mit Geschäftigkeit, wobei sie ihre schwesterliche Wesensverwandtschaft zu Mulis und Männern entdeckt. Ihre neue Familie. Ob's die Gesundung ist oder die Abkehr vom Valentin (oder beides), die Liesl hat, was Männer betrifft, wieder der Hafer gestochen. Sie schätzt die einfachen Naturen. Schnadahüpflsänger und Bergsteigerwadeln. Schnurrbärt mit getrocknetem Bierschaum über dem Mund. Und alle in ihrem Marionettenkreuz.

Ihre Uniform. Aufschub oder Freispruch vom gewöhnlichen Leben? Die Kleidung großdeutscher Männermassen. Doch lieber Massen als verlassen. Das schneidige Gefühl ist ihr längst zuvorgekommen. Sie hat fürs Burschikose optiert.

Weit von den Müttern und deutschen Mädels entfernt. Röcke heben ab, Hosen schlagen Wurzeln. Mit den Hosen gewinnt sie Kontur. Sie machen beweglicher. Geeigneter zum Versteckspielen. Sicheres Stehen, schnellere Gangart, keine Rocksäume am Boden. Eine neue Freiheit inmitten der Natur. Und ein Kitzel und Spaß, sich in einer Männergesellschaft zu behaupten. Die Sprache hierarchischer Befehlsgewalt. Disziplin und Schliff. Ein vielfältiges Spiel.

Sie blickt aus dem kleinen Fenster. Die Hütte liegt auf dem höchsten Punkt der Talsenke und hat die schönste Aussicht. Die Liesl schaut, seufzt und formt eine hohle Hand, als wollte sie diesen Anblick einfangen. Sie deckt den Tisch und räumt die Gläser vom Abend zuvor in den Abwasch, leert den Aschenbecher. Am Fenster stehen Geranien, sie haben schon kleine Knospen. Die Tischdecke und die Servietten, ein paar schöne Tassen und eine Vase hat sie besorgt. Für ihre Buben.

Die Liesl spürt, wie es ihr von Tag zu Tag bessergeht. Hier kann sie zu sich finden. Keine grauen und kriegsmüden Menschen und zerbombten Häuser, keine schmutzigen Straßen. Und nachts ein Sternenhimmel, wie man ihn in der Stadt niemals sieht, so strahlend und hell, und diese gleißende Sonne ...

Ihre Welt wird heller, seit sie hier ist, und der wacklige Steg, der zwischen dem Leben und der Unendlichkeit hängt, bekommt neue Bretter. Ihre Kindheit kommt wieder zurück, ja, manchmal ist sie sorglos gewesen, fast glücklich. Hier sind es die banalen Vorfälle, die das Leben ausmachen. Ob der Panther heut wieder so gschwanzelt hat oder der Wildgruber heut zwei Maß trinkt oder drei ...

Sauber schaut jetzt die Küch aus, das war früher a richtige Männerwirtschaft, denkt die Liesl. Sie bewegt sich frei und ungezwungen, ohne diese durch die Medikamente und zuviel Essen verursachte Behäbigkeit. Die Welt ist wieder nahe an sie herangekommen. Hier gibt es was zu riechen, zu schmecken, zu berühren, und die ganze Fiktion der Theaterwelt ist aus ihrem Gesichtsfeld geschwunden. Sie atmet tief ein. Im Theater steckt auch ein Muff und ein Mangel an Frische, wie alter Stoff, der etwas Abgelegtes und Lebloses hat. Der Geist durchs Imaginieren und Abspielen verhunzt. Alles ist geprobt, vorgekaut, auswendig gelernt, bis zum Gehtnichtmehr variiert, abgeklapperte körperliche und verbale Energie.

Die Liesl stürzt sich in dieses andere Leben mit fast hysterischer und ehrgeiziger Sportlichkeit. Vielleicht kein Zufall, daß sie sich in dieser Landser-Umgebung, wo es um Parieren,

Vorstoß, Gegenschlag und Schlagabtausch in den Hüttenabenden geht, ihre Heimat findet. Hier kann ihre scharfe, bodenständige Rhetorik, dieses Schweben zwischen männlicher Einschüchterungskraft und weiblichem Verführen, sich unangefochten entfalten. Und der Geniestreich fort vom Krieg, hinaus auf die Berge in eine Lebensrolle, die ihre Geschlechtsgrenzen überschreitet, ist Stoff für eine schillernde Gesellschaftskomödie, die sie genießt. Dazu noch der Valentin, von diesem Schauplatz ferngehalten durch seine Gebirgsängste, ihre Trotzreaktion, der Entzug durch Distanz, die Gegenwelt, die sie ihm entgegensetzen kann.

Sie schaut in den kleinen Spiegel, der an der Tür hängt. A leichts Doppelkinn, sagt sie sich, mehr Gefälteltes um Augen und Mund. Aber blitzende Augen, das macht jung.

Mit 52 Jahren braucht sie eher eine Marschverpflegung als einen Festtagsschmaus. Mit den Mulis spielen und mit ihren Buben trinken und lachen. Und ab und zu auch ein wenig schmusen. Die Liesl braucht was fürs Herz.

Auf der Ehrwalder Alm unter Gebirgsjägern: die beste Geschichte ihres Lebens. Autor: sie selbst. Regisseur: sie selbst. Darsteller: sie selbst. Schlußpointe: zum 65. Geburtstag im Namen der ehemaligen Truppe zum Oberleutnant ernannt.

Die Liesl hört den Willi im Waschraum schnauben. Inzwischen schneidet sie das Brot und wischt die Finger an der Bundhose ab. Eine Pracht. Grün, fest und solide. An ihrer Schirmmütze klebt überm Edelweiß eine Stieglitzfeder.

Die Liesl schaut raus ins schöne bayrische Land, auf die Wiesen, den blauen Himmel, mit den Barockwölkchen, ihre Berge. Über das Wettersteingebirge rast ein Bomber.

Als die vernichtenden Luftangriffe auf München einsetzen, muß sie an ihre Schwester Amalie denken, die allein in ihrer Wohnung ist, und ruft an. Nix. Sie trifft fast der Schlag. Die Verbindung ist gestört. Die Liesl umarmt abwechselnd den Panther und ihre Buben und fährt nach München zurück.

18. KAPITEL

Das Ohr

*Der Winter 1947/48 in München grau in grau / Kälte
und Hunger / Der Krieg verloren / Die Lebensmittel
rationiert / Schwarzmarkt und hohe Jugendkriminalität /
Rundum geistige Verwüstung / und noch immer wissen
die Angehörigen nicht / ob die vermißten Männer noch
leben oder nicht / Entnazifizierung ist die dringlichste
Aufgabe / Das neue Gesetz / unterzeichnet im Münchner
Rathaus / teilt die Bevölkerung in fünf Kategorien ein /
Hauptschuldige, Belastete, Minderbelastete, Mitläufer
und Entlastete / «Radio München» / Urzelle des
Bayerischen Rundfunks / noch unter amerikanischer
Besatzungskontrolle / Die «Gruppe 47» entsteht / und
das erste Exemplar der Süddeutschen Zeitung / aus
eingeschmolzenen Lettern von Hitlers «Mein Kampf» ...*

Der Valentin steht in seiner Werkstatt und schnitzt den dritten Holzlöffel an diesem Tag. Morgen braucht er zwei Dutzend, um sie gegen was Eßbares zu tauschen.

Er blickt durchs blinde Fenster in die nebelschwere Kälte
hinaus. Er ist faltig im Gesicht, das Vogelköpfchen ist geschrumpft, winzig wie eine Faust, aber fein modelliert, mit
reingeschnitzten Falten.

Er legt den fertigen Löffel ins Regal. Da liegen seine
selbstgemachten Brettchen, der Kartoffelstampfer, die Holz-
schale. In der Ecke steht seine schöne Hobelbank. Er geht zu
ihr hin und streichelt sie. Jetzt sieht er aus wie ein Skelett,
man kann die Gelenkkugeln unter der alten Hose erblicken,
sein Adamsapfel ragt aus dem faltigen Hals.

Der Valentin horcht. Oben, die Gisela hört Radio. Er mag den Rundfunk nimmer leiden, der ist ihm unheimlich geworden, seit er alle musikalischen Mittel eingesetzt hat, um die Kriegsbegeisterung zu heben. Jetzt ist der ehemalige Reichsrundfunk in amerikanischer Hand und hat sich vorgenommen, das vom Hitler verführte Volk umzuerziehen. Er hat Bittbriefe geschrieben, sich wie sein «Buchbinder Wanninger» wiederholt.

Nix. Er gibt auf.

Die Liesl geht allein ihren Weg.

Ächzend bückt sich der Valentin und hebt eine Hobellocke auf. Er hält sie in der Hand und schaut sie an. Die Locke wird transparent und verschwimmt. Er löst sich immer mehr von seinen Wahrnehmungen einer fixierten Erscheinungswelt, mit der er verblüffend genau spielen konnte. Er geht immer weniger aktiv mit ihnen um. Sein Blick ist verfeinert und zugleich getrübt.

Auf seinen letzten Photographien hat der Karl Valentin eine fast mittelalterliche Traumverlorenheit, sein Gesicht gleicht einer Ansammlung allerfeinster schmerzhafter Leidenschaftlichkeit und dekadenter Entrücktheit, vergleichbar den Zügen des alten Henry Miller. Unendliches Leben darin, eine grimassierende Gorgo, in der Tausende von Erfahrungen ihr Netz gesponnen haben. Eine Jenseitigkeit und Müdigkeit. Er wirkt geschützt und gleichzeitig gefährlich ungeschützt, von fast mumifizierter Intellektualität und Morbidität, bereits in einem Zwischenreich.

Dennoch. Noch einmal ein Auftritt zusammen mit der Liesl, Ende 1947, Anfang 1948, im Bunten Würfel, im Simpl. Der Valentin wiegt nurmehr 98 Pfund. Neun Tage vor seinem Tod treten sie zum letzten Mal gemeinsam auf. Kurz vor Weihnachten sein letzter Brief. «... außer einigen Dosen Malz habe ich heuer gar nichts für Dich – aber das schönste Geschenk ist doch, daß mir die letzte Zeit wieder so schön zusammen gespielt haben, und wenn Gott es will, wieder

Liesl Karlstadt vor Karl Valentins Bild, um 1950.
George: Monstre!
Martha: Cochon!
George: Bête!
Martha: Canaille!
George: Putain!
Edward Albee, «Wer hat Angst vor Virginia Woolf?»

weiterspielen werden, verlernt haben mir nichts, das hat sich gezeigt.»

Im Simpl verbringt er eine Nacht in der ungeheizten Garderobe, warum, hat sich nicht aufgeklärt. Drei Tage später ist er an einer Lungenentzündung gestorben, zu Haus, in Planegg, mit 66 Jahren. So ist das, hat er vielleicht gedacht. Sterben kann auch ganz praktisch sein ...

Aber entspannt, so hat der Wilhelm Hausenstein berichtet, der ihn als Toten gesehen hat, war er mitnichten, sondern ein Bild des Leidens, Spiegel ungezählter Schmerzen aus der Verborgenheit.

Der Hausenstein ist mit anderen vor der Scheibe gestanden und hat ihn sich angeschaut. Da hat er sein Ohr gesehen, ein Ohr wie ein Stück feinster Wachsplastik, sein Hörrohr in die Außenwelt, mit dem er die Sorgen und Schmerzen, aber auch die geringen Freuden der kleinen Leute vernommen hat. Da ist der olivgrüne Samtvorhang langsam zugegangen und hat die Leut allein gelassen mit ihren verwischten Gefühlen.

Valentins letzter Vorhang, hat der Hausenstein gedacht.

Das Begräbnis war am Aschermittwoch 1948. Gestorben aber ist Valentin am 9. Februar, am Rosenmontag, so, wie sich's ghört.

Einer seiner letzten Texte ist ein verzweifeltes Gebet:

«Vater unser, der du bist im Himmel, erlöse die Menschen endlich von den Menschen. Diese Sippschaft ist nicht mehr wert, als daß Du sie vernichtest. Sie wissen nichts anderes mehr zu tun, als Blut zu vergießen, indem sie sich gegenseitig abschlachten. Mache Du endlich Schluß mit den unseligen Kriegen auf der ganzen Erde. Du allein bist der Größte Feldherr. Du brauchst keine Giftgase und Kanonen, keine Tanks und keine Bomben. Du brauchst nicht so grausame Waffen. Lasse Du harmlose Schneeflocken vier Wochen lang Tag und Nacht ununterbrochen auf die Erde fallen, dann ist der wahre Friede auf Erden – Amen.»

Letztes Kapitel

München wird wiederaufgebaut / Deutschland geteilt /
der kalte Krieg löst den heißen ab / Der New Look kommt
auf / Und München tät zu gern / wieder ein bisserl
glimmen ...

Der Rosenmontag 1948, der Tag von Valentins Presse-Him-
melfahrt. Alle wetzen sie ihre Federn und stimmen sein Lob-
lied an, dabei ist er ihnen fast verhungert und erfroren und
an Mangel an Wertschätzung verschieden! So ist das in München, denkt die Liesl, wennst berühmt werden willst, mußt
hin sein, vorher lauft da nix. Jetzt kommt's wieder raus: Für
die Journalisten, des Gsox, bin und bleib i die Stichwortgeberin und Partnerin vom Valentin, jetzt prophezein s' mir
den Untergang! Den mecht i sehn, der des alles vertragt!

Also wieder raus aus den Buxen und rein in den Rock,
diesmal ein für allemal. Die Liesl hängt ihre Hosen an den
Nagel und fängt als Frau von vorne an. Geht hin und her in
ihrem Zimmer, in dem man sich überall an Andenken stößt,
und läßt den Rock schwingen.

Die Zeit mit dem Valentin ist vorbei, ein für allemal. Ein
Paar ist sie nie mehr, weder im Leben noch auf der Bühne.
Wär nicht der Rankl, der sich um sie kümmert, mit ihr ging's
dahin. So kommt's, daß der Rundfunk, der damals für so
Gelichter der einzige Rettungsanker ist, was tut. Geschenkt
kriegt sie nix. Auch nicht im Theater. Ihre Gage wird auf 50
Prozent runtergesetzt, weil die Eintrittspreise gefallen sind.
Aber sie hat Erfolg: mit «Das Konzert» von Hermann Bahr in

165

der Kleinen Komödie, mit «Der starke Stamm» von Marieluise Fleißer und «Feuerwerk» in den Kammerspielen. Grad sie, der nix Männliches fremd ist, grad sie feiert jetzt Urständ als Sinnbild der mütterlichen Münchnerin.

Die Liesl fühlt, wozu sie gut ist, und kann es mit herzhaften Worten begründen. Besser, nicht mehr an Kriegswirren zu rühren, an Hunger oder gar an Proteste. Wer hinnimmt, wie es ist und immer war, kriegt sein Brot und wird nicht verdammt. Die Liesl begrüßt den Neuanfang, der im Alten liegt. Und die Mutter in ihr kommt zum Erblühen.

Die Rundfunkserie von der «Mutter Brandl», einer kleinen Geschäftsfrau, gesendet am Samstagmorgen, gehört von nun an zur bayerischen Familie wie der Schweinsbraten mit Knödeln. Wer's vernommen hat, strotzt vor Erfahrung. Ratschläge zu häuslichen Problemen werden verbreitet in Hülle und Fülle. Es sind immer dieselben.

Die Liesl führt diffizile Gespräche mit der Abendzeitung: «Mei, i bin do kei so Mondäne, so a Monroe oder Genalolo Brigida, was Ihr alleweil mechts! Für die meisten bin i halt die Mutter Brandl.» Endlich hat man sie in München fest in der Hand, kann den Finger drauflegen: die Münchnerin, wie sie leibt und lebt, und kein Fingerbreit zwischen Haut und Kostüm! Paßt! So, wie die Münchner sie an ihr Herz drücken, ahnt man, daß jetzt erst die Welt so richtig in Ordnung ist. Die Hosen waren verwirrend, die Kostüme zu exotisch, die Verwandlungskraft zu reich, wer soll sich das alles merken ...

Die Liesl muß sich nicht mehr fragen, was richtig ist, sie findet in der Mutter Brandl, was sie braucht, die Rolle fürs Leben. Der Amalie, ihrer jüngeren Schwester, die sie von den Eltern weggeschubst hat, der gibt sie jetzt dementsprechend all ihre Mütterlichkeit. Seit dem Tod des Bruders im Krieg ist die fast ganz allein.

Überhaupts kein Paar mehr, nie mehr mit einem Mann.

Grad noch mit ihrer Schwester.

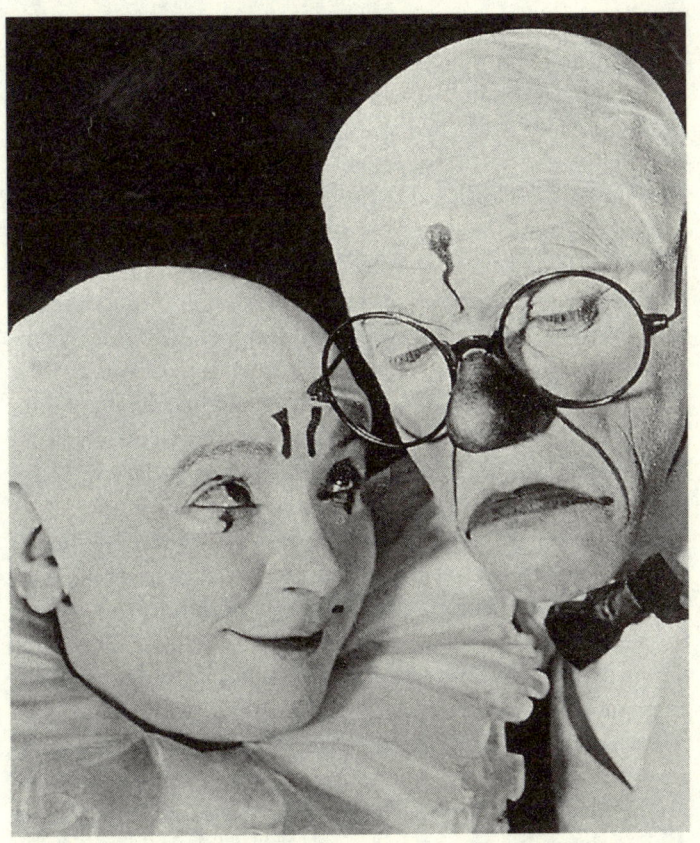

Karl Valentin und Liesl Karlstadt in «Die verhexten Notenständer», 1938.

George (lange Stille): Wir kommen drüber weg.
Martha (lange Stille): Ich ... weiß nicht.
George: Doch. Sicher.
Martha: Ich bin nicht so sicher.
George: Doch. Doch.
Martha: Nur wir ... beide?
George: Ja.
Martha: Glaubst du nicht, wir könnten ...
George: Nein, Martha.
Martha: Ja. Nein.
Edward Albee, «Wer hat Angst vor Virginia Woolf?»

Auf diese Stund hat die Amalie gewartet ein Leben lang. Daß ihr die Liesl, die ihr als Kind ewige Treue und Nichtheirat gelobt hat, endlich allein gehört.

Denn allein ist die Amalie auch.

Amalie, die zurückgesetzte Schwester im Hintergrund, welche die Liesl als Kind aufgezogen hat, der sie Mutter und Schwester und Freundin und Ehemann war von Anfang an. Die Amalie hat die Sach mit dem Valentin und dem Künstlermilieu immer mit Skepsis gesehn. Denn die Amalie ist immer eine alte Jungfer gewesen und hat viel Zeit zum Nachdenken gehabt. Die Amalie weiß immer genau, was gut für die Liesl ist. Im Theater, da geht's heute zu leicht dahin, Männergelüste entstehen, Freunderlwirtschaft, Intrigen, und wo andere ihre Kirch haben, haben die ihren Klatsch. Nein, die Amalie ist froh, daß sie selbst keine Schauspielerin ist.

Sie hat immer gern zugehört, was die Liesl so erzählt, hat sich immer gefreut, wenn sie kommt, hat alles gesehn, jeden Kummer, jede Freude, jedes Wehwehchen, hat immer Zeit für sie gehabt und viel Geduld. Hat mit ihr über alles geredet, ihre privaten Sorgen und finanziellen Probleme. Mit ihr zusammen hat sie Ostern, Pfingsten und Weihnachten gefeiert und ist in die Kirch gegangen, und an Adventssonntagen und am Heiligen Abend hat die Liesl ihr die «Heilige Nacht» von Thoma vorgelesen, und die Amalie hat dann dreingschaut wie als Kind.

Die Amalie will die Liesl für sich allein. Drum läßt sie keinen an sie ran, auch nicht den nun einzigen Bruder Franz, der vom ersten bis zum letzten Tag im Krieg gewesen ist und den die Liesl immer gern gehabt hat; nicht seine Familie, sonst würd die Amalie ganz ärgerlich. Dafür hält sie ihr auch lästige Leute fern.

Die Amalie krankt an einer übermäßigen Eifersucht auf alles, was ihr die Liesl nimmt, und das ist alles, was mit Liesls Beruf zusammenhängt, doch um das Geld, das die Liesl damit verdient, kümmert sie sich und klagt die Tantiemen ein.

Jetzt brauchen sie beide ein bisserl Erholung, Ruhe und Natur und sind nach Garmisch gefahren. Die Amalie fährt gern mit der Liesl weg. Da hat sie sie ganz allein, außerdem, die Liesl nimmt sich viel zuwenig Zeit, sich von ihren Strapazen zu erholen. Die Lungenentzündung kürzlich hat ihr zugesetzt. Die Amalie hat schon Angst gehabt, der Valentin hätt ihr seinen eigenen Tod angehängt.

Die Liesl ist müde. Nach einem langen Spaziergang am Eibsee ist sie ins Bett gefallen, erledigt und erschöpft. Sie hat alles zu oft getan in ihrem Leben. Zu oft gespielt, zu oft neu angefangen, zu oft sich nach Schutz gesehnt und ein bißchen Frieden.

«Kannst mir die Zeitung holen?»

Die Amalie streicht ihrer Liesl über das Haar und nickt. Sie ist froh, wenn sie was für ihre Schwester tun kann.

«Geh nur, geh, bist ja glei wieda da.»

Und die Amalie geht los, um die Zeitung zu holen.

Es ist der 27. Juli 1960. Die Liesl zieht aus ihrer Tasche das kleine Photoalbum hervor und sinnt nach. Bars hat sie kennengelernt und englisches Bier getrunken und französische Zigaretten geraucht. Prärie-Austern hat sie ausgespuckt und Zuckerwatte in den Himmel geblasen. Bier aus Maßkrügen in den Vorstädten getrunken mit Fabrikarbeitern und Metzgern. Und in feinen Hotels hat sie geschlafen mit Saunen und einem Himmelbett und den Valentin neben sich. Sie hat sich über die Bierpreiserhöhung von fünf Pfennig im Krämerladen aufgeregt und ist hamstern gegangen. Sie hat ihre Wohnung mit schönen alten Bildern und altem Spielzeug gepflastert, und sie hat Bundhosen getragen und ist zum Defiliermarsch marschiert.

Alte Photographien. Wir blicken ihr über die Schulter. Die borniert Würde auf den festgehaltenen Gesichtern eines bayerischen Ehepaars. Die vorgeschriebene Pose: Valentin und sein Taschentuchzipfel. Liesls vorgeschobener Photographierfuß. Er als lächelnder Himmelfahrtsjüngling in

Uniform, sie als erwartungsvoll blickende Braut. Der Valentin Karl als Walküre. Die Liesl als Firmling mit ellenlanger Kerze. Wie die emaillierten Photos auf italienischen Grabsteinen.

Was haben diese beiden dazu beigetragen, vielleicht auch in fünfzig Jahren noch gesehen zu werden? Viel. Sie haben wenig über Figuren, doch viel über den Menschen hinterlassen. Nichts beschönigt. Das Recht auf Individualität bis zum Exzeß verteidigt. Die Angst gezeigt. Überlebenschancen dargestellt. Auf die positiven Seiten ihrer existentiellen Trauer verwiesen. Zu Identifikationsprozessen animiert. Im donquijotehaften Hoffnungsglauben nicht lockergelassen. Auf absurde Weise aus der Utopie in die Verwirklichung getreten, und sei's mit dem Besenstiel. Gedacht beim Konzipieren, gedacht beim Spielen. Zeitströmungen Tritte versetzt. Traurigkeit und Mut zusammengeschweißt.

Die Liesl richtet sich auf und blickt hinaus auf die Berge. Die hängen ihr fast zum Fenster herein. Die Liesl träumt ihr «Chinesisches Couplet». Mantsche, Mantsche Pantsche Hon kon Tsching Tschang Kaifu schin sie Pering gigi wai hai wai Titschi tatschi makka zippi zippi zappi Guggi dutti suppi Montlai ...

Die Liesl hebt ab und fliegt hoch zu den goldenen Bergen.

Wellano, Wellano, lebst aa no ...

Die Liesl stirbt mit einem letzten Seufzer.

Die Amalie kommt auf den Gasthof zu, die Zeitung in der Hand.

Mit dem Valentin und der Liesl ist's vorbei. Seitdem ist keiner mehr da. Die alte Münchner Zeit ist vorbei. Manchmal ist die Amalie noch zum Bogenhausener Friedhof gegangen und hat das rote Herz aufgeklappt.

Jetzt liegt die Amalie auch dort.

Und so hört unsere Geschichte auf. In München.

Glossar

Für ihre Welt der Münchner Vorstädte und den Kleinbürgermief haben Karl Valentin und Liesl Karlstadt zahlreiche Exkurse in den Münchner Dialekt unternommen, für feinere Ohren auch in der Sprachmelodie und in der anarchischen Kraft der Worte erkennbar. Diesen Urgrund einer immer noch vorhandenen Gesellschaft hat die Autorin nach Kräften beizubehalten versucht, sich selbst jedoch der ihr geläufigen mundartlichen Ausdrücke nach Möglichkeit enthalten, mit Rücksicht auf ein den kraftvollen und ordinären Dialekt immer weniger pflegendes Lesepublikum. Deshalb sind es nurmehr wenige mundartliche Ausdrücke, die einem hochdeutschen Publikum in diesem kleinen Glossar zu verdeutlichen notwendig sind:

a: er
amal: einmal
a resches Weibsbild: ein strammes, knuspriges, lebhaftes Weib
Beuschl: Lüngerl = Lunge
Buxen: Hose
dalkert: deppert, dümmlich
damisch: verrückt, wirr
das Mensch = Frau, Mädchen (abschätzig)
Deifi: Teufel
Flitscherl: Hürchen
Girafftorte: eine seit 30 Jahren aus Diätgründen aus den Münchner Konditoreien verschwundene, extrem süße Torte aus Eiweißschaum mit Schokoladetupfen
granteln: mürrisch sein
Großkopferte: Großkopfige = abschätziger Begriff für jene, die das Sagen haben; die Reichen und Mächtigen
gschlampertes Verhältnis: schlampiges Verhältnis = eine nicht legalisierte Liebesbeziehung
Gspusi = uneheliche oder außereheliche Liebesbeziehung
Gstanzl: Strophe eines Lieds
hinterfotzig: heimtückisch

kampeln: kämmen

Krauterer: schrulliger Alter (wahrscheinlich ursprünglich Kräutermänn-
lein)

Maßl: (von dem jiddischen Massel) Glück

mir: wir

Mo: Mannsbild

schiach: schiech = häßlich

Stenz: Vorstadtbonvivant

Strizzi: Strolch

Wo hans'n?: Wo sind sie denn?

Wurzn: (von Wurzel) kratzbürstige Alte

zaht: zieht = zerrt

zuzeln: saugen

Danksagung

Angesichts der Doppelbödigkeit der Dialoge von Karl Valentin und Liesl Karlstadt hat sich die Verfasserin verführen lassen, mitunter Originalzitate szenisch aufzubereiten. So aus folgenden Texten:

S. 26–28 aus «Die Fremden»; S. 66, 67 und 84 aus «Tingel-Tangel»; S. 79 aus «Wie der Firmling entstand»; S. 95 aus «Die Raubritter vor München»; S. 65 aus «Der Theaterbesuch»; S. 150–151 aus «Vater und Sohn über den Krieg».

Diese Texte erschienen in «Das große Karl Valentin Buch», hg. von Michael Schulte, Piper Verlag, München 1974, und die Zitate stehen dort in der oben angegebenen Reihenfolge auf den Seiten 369, 61/62, 106/107, 89, 133, 241/242, 395.

S. 148–150 aus «Ihr Kampf», zitiert nach Michael Schultes Valentin-Monographie S. 60/61, dort zitiert nach dem Typoskript aus dem Besitz des Piper Verlages, München.

Das Zitat auf S. 56/57 stammt aus «Karl Valentins Filme und Filmprojekte», Piper Verlag, München 1995, S. 413.

Das Zitat auf S. 78 stammt aus dem Roman «Erfolg» von Lion Feuchtwanger. S. Fischer Verlag, Frankfurt am Main 1975, S. 212. © Aufbau Verlag, Berlin

Autorin und Verlag danken für die Genehmigungen zum Abdruck.

Für wertvolle Hinweise und Anregungen danke ich Walter Fiedler, Dr. Elisabeth Tworek und Ursula Hummel von der Münchner Monacensia sowie Prof. Dr. Hanns Hippius.

Literatur

Rudolf Bach, Die Frau als Schauspielerin, Tübingen 1937

Helmut Bachmeier, Manfred Faust (Hrsg.), Karl Valentin. Sämtliche Werke in acht Bänden. München, Piper Verlag: Bd. 1: Monologe und Soloszenen, 1992; Bd. 2: Couplets, 1994; Bd. 3: Szenen, 1995; Bd. 5: Stücke, 1997; Bd. 6: Briefe, 1997; Bd. 7: Autobiographisches und Vermischtes, 1996; Bd. 8: Filme und Filmprojekte, 1995; Ergänzungsband: Dokumente, Nachträge, Register, 1997

Gisela Freilinger-Valentin, Karl Valentins Pechmarie. Pfaffenhofen 1988

Monika Dimpfl, Immer veränderlich, Liesl Karlstadt (1892–1960), München: A1 Verlag mon Akzente, Hrsg. Monacensia 1996

Ria Endres, Werde, was du bist. Literarische Frauenporträts, Frankfurt: suhrkamp taschenbuch, 1992

Lion Feuchtwanger, Erfolg. Drei Jahre Geschichte einer Provinz, Frankfurt/Main: Fischer Verlag, 1992

Annemarie Fischer-Grubinger, Mein Leben mit Karl Valentin, Rastatt: Moewig Taschenbuch, 1982

Theo Riegler, Das Liesl Karlstadt Buch, München: Süddeutscher Verlag, 1961

Michael Schulte, Karl Valentin in Selbstzeugnissen und Bilddokumenten, Reinbek: Rowohlt Taschenbuch Verlag, 1968

ders., Karl Valentin. Eine Biographie, Hamburg: Hoffmann und Campe, 1982

ders., Alles von Karl Valentin, München: Piper Verlag 1987

Alfons Schweiggert, Karl Valentins Stummzeit, München: Buchendorfer Verlag, 1988

ders., Karl Valentin und die Frauen, München: Ehrenwirth, 1997

Gunna Wendt, Liesl Karlstadt. Ein Leben, München: Piper Verlag, 1998

Bildnachweis

AKG, Berlin: S. 87, 104
Monacensia, München: S. 11, 13, 124
Preußischer Kulturbesitz, Berlin: S. 48, 111
Süddeutscher Verlag, München: S. 23, 39, 45, 53, 64, 97, 131, 141, 157, 163, 167
Valentinmusäum, München: S. 17